W0205054

Saggi

GIOVANNI FLORIS

L'essenziale

Appunti di un lettore avventuroso

SOLFERINO

SOLFERINO

www.solferinolibri.it

ISBN 978-88-282-1290-4
Prima edizione: ottobre 2023

Non possiamo scegliere tra fantasticare e no. L'uomo è condannato ad essere romanziere. Il successo delle sue fantasmagorie sarà impossibile quanto si voglia, ma ciò nonostante è l'unica chance su cui l'uomo può fare assegnamento per esistere.

José Ortega y Gasset, *Aurora della ragione storica*

Ai nostri viaggi

Introduzione

Una notte ho sognato un demone che mangiava i libri di casa mia. Piccolo, tutto nero, senza volto ma irridente, scattava veloce come un geco da uno scaffale all'altro della biblioteca. Guardava fulmineo la costa del volume e correva via. Ogni tanto però si fermava, prendeva un libro, cominciava a morderlo, divorarlo, strappare la carta; io arrivavo di corsa, cercavo di afferrarlo ma lui mi sfuggiva veloce, lasciando il volume sbocconcellato.

E passava a sbranarne un altro.

Il dubbio che mi è rimasto è: come sceglieva i libri?

Ci sono due estremi nello spettro della lettura: assaggiare tutti i libri del mondo, magari senza neanche finirli, oppure dedicarsi a uno solo, più volte, leggendolo senza mai esaurirlo.

Il primo estremo è l'espressione di come spesso viviamo, il secondo di come, secondo alcuni, dovremmo vivere. Concentrati fino all'accanimento nel perseguire un obiettivo, o nel credere in qualcosa, o nel fare la cosa giusta.

Nel leggere il libro giusto.

Un unico libro in mano per tutta la vita.

Se fossi costretto io a questa scelta, mi troverei al bivio tra *L'arte della guerra*, di Sun Tzu, e i *Vangeli*, di autori vari.

Mio padre, che potrei dire non fosse credente, leggeva e rileggeva continuamente il *Vangelo*, perché diceva che lì dentro c'era tutto. Sono d'accordo con lui. Anche io non sono credente (per quello che un'espressione del genere possa significare), ma nel *Vangelo* c'è tutto quello che serve per vivere *da* essere umano. Come sottovalutare però Sun Tzu? Lui ti insegna a sopravvivere *tra* gli esseri umani.

Potremmo dire (se non avessimo paura di far innervosire i teologi) che i *Vangeli* e *L'arte della guerra* vanno letti insieme: grazie ai primi sai che non è giusto fare la guerra, con il secondo sai come comportarti se ti ci trovi.

«E come volete che gli uomini facciano a voi, anche voi fatelo a loro», ovvero il buon vecchio «Non fare agli altri quello che non vorresti venga fatto a te»: importante, vitale, decisivo. Ma cosa dire di «quando siamo in grado di attaccare, dobbiamo sembrare non esserlo; quando muoviamo le truppe, dobbiamo sembrare inattivi; quando siamo vicini, dobbiamo fare in modo che il nemico ci creda molto lontani, e, quando siamo molto lontani, dobbiamo fargli credere che siamo vicini»?

In effetti, ogni volta che ho dimenticato una di queste due massime, nella mia vita, ho pagato un conto salato.

Affrontare il mondo ispirandosi al bene o attrezzarsi per combattere il male? È un possibile modo di porre l'eterno dilemma tra ragione e sentimento (per dirla con Jane Austen). O tra logica ed empatia.

Ebbene, sono convinto che tutti noi leggiamo per soddisfare qualche nostro bisogno fondamentale, e il mio è proprio questo. Risolvere il dilemma tra logica ed empatia. In parte, credo sia anche un dilemma che segna i tempi in cui viviamo.

Capire il mondo: logica ed empatia

C'è un bel saggio dal titolo volutamente provocatorio, *Contro l'empatia*, in cui Paul Bloom, psicologo e docente di Yale, cerca di spiegarci come l'empatia, la disponibilità a mettersi nei panni di qualcun altro, sia deleteria per le nostre vite. Secondo Bloom «l'empatia distorce i nostri giudizi morali nello stesso modo in cui lo fa il pregiudizio» perché «si focalizza su individui specifici [...] non risponde appropriatamente agli effetti delle nostre azioni su gruppi di persone, ed è insensibile ai dati statistici e alle stime costi-benefici».

Un esempio? «Infliggere ai figli sofferenze temporanee per il loro bene è reso possibile dall'amore, dall'intelligenza e dalla compassione, ma può essere impedito dall'empatia.» Oppure immaginate una bimba colpita da un male incurabile che aspetta fuori da un ambulatorio il suo turno per ricevere la terapia antidolore. Se ne aveste il potere, la fareste passare davanti agli altri?

Mettetevi nei suoi panni, sentite il suo male, lo stato d'animo in cui vive l'attesa, considerate che per lei quella visita potrebbe essere l'ultima. Pensate ai genitori, a cosa stanno passando. Se deciderete sulla base dell'empatia, le farete scavalcare la fila. Se invece deciderete di usare la ragione, la sfortunata bambina aspetterà il suo turno, perché evidentemente chi è davanti a lei ha delle ragioni per esserci, che siano l'urgenza o altri criteri stabiliti dall'ospedale. Suona brutto dirlo, ma è probabile che la visita per gli altri pazienti sarà più utile.

Secondo Bloom, in una società che reclama sempre più spazio per i sentimenti, dovremmo dare invece più spazio alla ragione. In modo da prendere decisioni più sensate e rendere il mondo un posto migliore.

Mentre penso che tutto sommato Bloom ha ragione, mi viene in mente *La montagna incantata* di Thomas Mann. È un ritratto spietato della società borghese europea, delle sue convinzioni e dei suoi valori (una crisi messa in scena nei magistrali scontri verbali – e non solo – tra il massone Settembrini e il gesuita Naphta). Ma è soprattutto il racconto del percorso di formazione e scoperta del giovane Castorp, ricoverato per sette anni nel sanatorio di Davos, che proprio grazie alla malattia avrà l'opportunità di vedere il mondo in maniera diversa. Riapro *La montagna incantata* e trovo una frase sottolineata: «La sconfitta del sentimento di fronte alla vita, ecco l'insufficienza per la quale non c'è grazia, non c'è pietà, non c'è dignità [...] essa è la fine, la disperazione infernale, la fine del mondo».

La «sconfitta del sentimento di fronte alla vita» è da

scongiurare, è inevitabile, o è addirittura desiderabile? Secondo Bloom, l'ultima ipotesi è quella giusta. Ma perché allora qualcosa, in chiunque di noi, si ribella a questa ipotesi? La risposta è lo scarto inevitabile di ciò che chiamiamo umanità.

La sfortunata bambina in fila di *Contro l'empatia* ha un morbo che rende inutile la terapia (tanto la bambina non ha speranza) o è nella posizione di vedere e sentire qualcosa che noi non capiamo? Va sacrificata in nome della ragione o va preservata a costo di ogni ragione? Il suo posto in fila è un criterio adatto a valutare il suo valore?

Questo, dal mio punto di vista, non può dircelo un saggio, per quanto ben scritto. Questo non può che dircelo un romanzo. Per esempio *Come d'aria*, di Ada D'Adamo, che nel 2023 ha vinto il Premio Strega quando l'autrice era già deceduta: la sua tragica vicenda di madre condannata dal tumore, con una figlia nata con seri danni cerebrali è una storia sull'anti-logica dell'umanità, nel suo senso più nobile. Perché la madre, che pure l'ha amata e accudita ogni giorno incontrando difficoltà infinite, racconta che non avrebbe fatto nascere la figlia se avesse conosciuto da prima la gravità della situazione. Eppure è successo, e a lei ha dedicato la vita. E la forza della letteratura ci rende chiara la necessità di quella scelta «irrazionale».

La libertà delle narrazioni, a volte, riesce dove la logica fallisce. Ed è proprio per questo che a me, e credo a tutti noi, servono buoni romanzi.

Perché leggiamo?

Qui, devo confessare che non sono un lettore naturale. Mai stato.

Credo che leggere sia muoversi per linee verticali, in immersione, mentre, almeno da un certo momento in poi, la vita procede per linee orizzontali. Per questo non sono d'accordo con Daniel Pennac quando obietta alla frase «non ho tempo per leggere» sostenendo che il tempo della lettura, come il tempo dell'amore, non si trova ma si crea o, semplicemente, esiste. «La lettura è» dice Pennac «come l'amore, un modo di essere.» Il tempo per leggere quindi non andrebbe trovato, perché c'è. In realtà per me non è stato sempre vero. Lo è stato probabilmente negli anni degli studi, delle prime esperienze lavorative, e lo sarà di nuovo quando smetterò di lavorare, ma a oggi leggere per il piacere di farlo è un atto di volontà.

Lo compio per difendermi dalla logica.

Il lavoro, la vita quotidiana, ci spingono a razionalizzare, a ragionare in chiave di causa ed effetto, di decisioni e conseguenze. Guai se non lo facessimo, tanto più se abbiamo un incarico che comporta responsabilità verso altre persone: è l'unico modo per fare scelte giuste e utili. Ma non è (per fortuna) l'unico modo di vivere.

Perché chi garantisce che la nostra logica sia infallibile? Chi dice che la nostra valutazione sugli effetti determinati da certe cause sia impeccabile?

Tra causa ed effetto, in realtà, c'è di mezzo quell'oceano di pensieri, sensazioni, emozioni, riflessioni che sei sicuro di trovare sempre nei romanzi, o più in generale nell'arte. Tutti aspetti del vivere cui si rischia di diventare insensibili, se non allergici, se lasciamo che siano solo le incombenze, le scadenze, la successione logica dei nostri doveri a dominare i nostri giorni. E poi, come scopriamo quali sono i nostri doveri se non abbiamo un sogno, o anche solo un'illusione, che alimenti la nostra logica?

Ci sono momenti in cui l'unico modo di uscire dalla tirannia dei *come* e ricordare i *perché* è scendere in verticale, abbandonando il percorso orizzontale della vita, e per farlo io leggo romanzi.

In sostanza, li leggo per restare umano. E anche per scoprire se qualcuno (magari più intelligente di me, o che ha avuto più esperienze di me, o che sa esprimersi meglio di me) ha capito qualcosa della vita. Per questo non amo i libri inutili, o quelli che cercano di intercettare il gusto del pubblico. I primi sono una falsa pista, i secondi lasciano il lettore dove lo hanno trovato. Magari già a buon punto, ma lo lasciano dove sta.

Un buon romanzo, un buon libro, ti prende per mano (o per il bavero) e ti sposta, in un punto da cui le cose si vedono diversamente, o si vedono meglio.

Come leggere?

Faccio qualche passo oltre lo scaffale di Mann e apro *L'immortalità* di Milan Kundera. Credo di averlo letto a inizio anni Novanta. Trovo sottolineata a pagina 135 la frase «nella sua compassione per Paul cominciò a infiltrarsi l'irritazione»; a fianco il mio appunto: «I sentimenti si contaminano tra loro, si sporcano».

Qualche decina di pagine più avanti: «L'homo sentimentalis non può essere definito come un uomo che ha sentimenti (poiché tutti li abbiamo) ma come un uomo che ha innalzato i sentimenti a valori. Nell'istante in cui un sentimento viene considerato un valore, tutti vogliono averlo; e poiché tutti amiamo vantarci dei nostri valori, abbiamo la tendenza ad ostentare i nostri sentimenti». A fianco (naturalmente a penna), un mio enorme punto esclamativo.

Da sempre, quando leggo un libro sottolineo a penna i passaggi che più mi colpiscono, e prendo appunti (sempre a penna) sul margine. Se un libro cambia me, è giusto che io cambi lui.

E quando rileggo quello che ho annotato, magari tanti anni dopo, il più delle volte non ricordo il collegamento che c'è tra le mie righe e la trama del testo. Mi ritorna però, come un brusio nella memoria, il senso del paragrafo che avevo sottolineato, il ricordo di ciò che quelle righe mi avevano detto. Non la trama intera, non la storia. Il senso di quelle poche righe.

L'essenziale. Quello che resta quando dimentichi tutto.

La trama dell'*Immortalità* non la ricordo con precisione, come mi accade con tanti libri che ho letto. Di alcuni praticamente non ricordo nulla, se non una sorta di sensazione, un'accelerazione istintiva che mi ispira la copertina. Questo credo sia *l'essenziale* di un libro, di un autore. La (a volte piccola) variazione di direzione che ha dato alla tua vita.

In fondo, si è lettori per tutta la vita proprio perché per tutta la vita si è impegnati nel lavoro di comprendere: gli altri, e se stessi. Come scrive Salvatore Satta nel *Giorno del giudizio*: «Per conoscersi bisogna svolgere la propria vita fino in fondo, fino al momento in cui si cala nella fossa. E anche allora bisogna che ci sia uno che ti raccolga, ti risusciti, ti racconti a te stesso e agli altri come in un giudizio finale».

Ebbene, questo «uno», mi suggeriscono i balzi del demone, potrebbe anche essere la tua biblioteca. Forse il demone dei libri, comparso così all'improvviso e apparentemente così malevolo, sta solo cercando di darmi una mano. Di ricordarmi quello che conta.

Perché lo fa ora?

La risposta è la stessa che venne data al celebre quesito: «Perché esiste qualcosa piuttosto che nulla?».

E perché no?

1
Il senso dei libri per gli inizi

Mi colpisce sempre quando nelle interviste ai personaggi famosi viene chiesto quale sia il libro della vita, e la risposta è un libro letto a trenta, quaranta, o addirittura cinquant'anni.

So che è una teoria piuttosto radicale, ma secondo me gli occhiali per vedere il mondo li acquisti prima dei vent'anni, e da lì in poi cambi la montatura, ma non le lenti.

Allo spazio della scuola, eventualmente dell'università, è legato il tempo della formazione. L'ultimo anno di scuola, a mio parere, vale i successivi dieci sul posto di lavoro, o in casa, perché il peso specifico di ogni attimo passato tra i banchi è infinitamente maggiore di quello che avranno gran parte dei nostri giorni nel «mondo reale».

In quel periodo si studia e si legge non come attività collaterale, ma come mestiere: è ciò che il mondo si aspetta che tu faccia. Così, si vive immersi nelle cose importanti, non transitorie. Nei pensieri importanti, nei libri importanti, nella realtà di concetti, scelte e persone che hanno dato importanza al lavoro di capire o raccontare il mondo. Non ci accorgiamo di trovarci in una situazione eccezionale, come il pesce non si accorge dell'acqua: ci siamo immersi, nella cultura, la diamo per scontata. A volte sbuffiamo pure. Ma capiremo più avanti che proprio grazie alla cultura ogni cosa che succedeva allora aveva un peso specifico maggiore di quello che invece avrà in seguito. Arriveremo a rimpiangere quell'intensità, quando l'ineffabile sarà stato sostituito dall'ordinario, e boccheggeremo assieme agli altri anfibi costretti a entrare e uscire dal mondo delle idee, non più immersi.

Negli anni della scuola e della formazione hanno un peso diverso l'amicizia, l'avventura, il successo, l'insuccesso, l'amore. Ha un peso diverso persino la scelta di non studiare. Tutto, in mezzo allo studio, vale di più.

Quindi so che non sarò originale, ma anche se da adulto ho molto apprezzato i libri di Milan Kundera, riflettendoci devo ammettere che gli autori dei miei libri della vita devono essere cercati tra quelli che ho letto quando ero ragazzo, e studiavo.

Quando davo forma a quello che sarei stato dopo, e che sono adesso. Quando le idee potevano colpirti, stordirti, senza sovrastrutture.

Indifferenza o passione?

Ricordo che quando il professore di filosofia aprì la lezione su Feuerbach spiegando che secondo il filosofo tedesco non era stato Dio a creare l'uomo, ma l'uomo a creare Dio, una mia compagna di classe rimase inebetita. «Ma allora» balbettò «che senso ha?»

La sua era una manifestazione di sensibilità persino eccessiva – così perlomeno pensammo noi compagni – ma era anche qualcos'altro: era il grido di un tradimento. Un filosofo, con la sua opera, le sfilava il senso come un tappeto da sotto i piedi. Lo sapevamo anche allora che non doveva andare così. Che il senso delle cose è qualcosa che non si trova nei libri, ma che i libri possono aiutarti a trovare. Anche raccontandone l'assenza, dando voce a qualcosa che tutti proviamo a volte: l'indifferenza verso i giorni e gli eventi, la sensazione che le nostre azioni non abbiano significato perché non ne ha alcuno il mondo intorno a noi.

Killing an Arab è un brano che i Cure incisero nel 1978. Il testo racconta di una sparatoria su una spiaggia, in cui il narratore del brano uccide un arabo. È un esplicito riferimento a *Lo straniero*, il romanzo di Albert Camus che descrive la vita di Meursault, un insignificante impiegato di Algeri (all'epoca territorio francese) che non riesce a dare un senso alle cose. Non vive passioni, non prova sentimenti. Meursault è indifferente a tutto. È *straniero* a tutto: osserva, non comprende, lascia che le cose passino e succedano.

Il titolo del brano creò non pochi problemi al gruppo di Robert Smith. Inconsapevoli del riferimento letterario, gli skinhead dell'estrema destra avevano scelto la canzone come inno xenofobo, e si presentavano ai concerti dei Cure urlandola a squarciagola. Diverse case discografiche la rifiutarono e, quando riuscirono a inciderla, molte associazioni contestarono il titolo. Nonostante Robert Smith abbia spiegato pubblicamente più volte che il brano è un riferimento a un capolavoro della letteratura mondiale, ultimamente pare che i Cure si siano acconciati a cantare *Kissing an Arab* o *Killing Another* per evitare conteziosi e malintesi.

Sono lo straniero che uccide un arabo
posso girare i tacchi e andare via
o posso sparare
guardando il cielo
guardando il sole
qualsiasi cosa scelga
avrebbe lo stesso valore.

Lo straniero di Robert Smith, come quello di Albert Camus, non trova il senso delle cose, e uccide un arabo solo perché si trova in Algeria, su una spiaggia, sotto il sole.

«Oggi la mamma è morta. O forse ieri, non so.»

Lo straniero di Camus non prova nulla quando muore la madre, come non prova nulla quando la sua compagna parla di matrimonio. Può sposarsi, oppure non sposarsi, non importa.

Meursault spinge l'indifferenza all'estremo, uccide

un uomo senza alcun motivo e senza alcun contraccolpo emotivo. Non sa perché lo fa e non si difende dalle conseguenze del suo gesto. Subisce un processo in cui viene giudicato per l'omicidio commesso, ma in realtà sotto accusa è proprio il suo nichilismo, il suo stato di apatia. È, in fondo, l'anatema dell'angelo di Laodicea nell'*Apocalisse*, il più tremendo dei libri della Bibbia: tu non sei né freddo né caldo e io ti vomiterò dalla mia bocca.

Condannato a morte, Meursault avrà un unico scatto di rabbia, verso il prete che gli chiede di abbracciare *in extremis* la fede. A lui urlerà in volto quanto ritenga privo di significato il mondo con le sue regole. E solo l'ultima notte, aspettando di essere portato al patibolo, Meursault, straniero a se stesso e all'universo in cui vive, proverà un attimo di felicità realizzando quanto tutto, in realtà, gli sia indifferente.

Il tratto dell'indifferenza si trova in un libro diversissimo come *La coscienza di Zeno*, basti pensare alla vicenda di come Zeno Cosini, il protagonista, arriva all'altare. Non lo trasporta un sentimento irrefrenabile, ma una considerazione logica di ordine sociale: è arrivato il momento di sposarsi. E, dopo un'incredibile sequenza di errori, false partenze e coincidenze, sposa la donna sbagliata – la «sorella brutta». O sposa quella giusta? Di certo non ci sono cuori e batticuori nella storia grottesca del suo inseguimento di una delle sorelle Malfenti e poi dell'altra, per infine accontentarsi della terza opzione (la seconda come età).

Ma non è che chi vive di passioni, in letteratura, faccia una fine migliore. «Una convulsione l'abbatté sul letto, tutti le si fecero vicini. Emma aveva cessato di esistere.» È la spietata descrizione della fine di Madame Bovary che muore avvelenata dalla vita che aveva sognato, tremando, vomitando, sporcandosi volto e vestiti. Muore male anche Thomas Buddenbrook, sbattendo la faccia a terra, lui che nessuno mai aveva visto con un granello di polvere addosso, dopo una visita dal dentista che non è riuscito a estrargli un dente. I denti, quelli che vanno controllati per capire se un animale (o un umano) è in salute. Thomas la salute l'aveva persa, dopo aver letto Schopenhauer. Emma Bovary si era avvelenata di arsenico e illusioni.

La maggior parte di noi, per fortuna, sperimenta drammi meno intensi, ma alzi la mano chi non ha problemi, a volte, a trovare il senso delle cose. Io e i miei compagni di scuola ne avevamo e magari proprio per trovare il senso più profondo dei nostri giorni alcuni di noi, a scuola, studiavano. Altri percorrevano vie alternative e quel senso lo eludevano. In ogni caso, quella ricerca era il centro dell'esperienza di chi leggeva, si scambiava impressioni sui romanzi e si passava edizioni economiche ridotte a brandelli. Non erano quasi mai i libri consigliati dai programmi ministeriali: quelli, ironicamente, li avremmo recuperati da adulti.

D'altronde non c'è giovinezza senza ribellione e i libri, anche se in pochi ce lo dicono, sono tra i più potenti strumenti di ribellione che esistano.

Maestri decadenti

Quando nel 1985 nevicò a Roma, io e quattro amici ci chiudemmo nella Fiat 131 azzurra di mio padre e aspettammo che la neve la coprisse tutta. La mattina successiva avevamo fatto irruzione a scuola, e spingendo una carriola piena di neve avevamo preso a pallate compagni e professori nei corridoi. Gli stessi corridoi dove, qualche anno prima, comunisti e fascisti si affrontavano con le pistole in pugno.

Il mio amico L. fu arrestato in Grecia, col fumo addosso. Era salito sul tetto di una chiesa e si era messo a urlare: «Spartani di merda!». Fu estradato la notte stessa.

A. aveva organizzato una colletta per i bambini del Ruanda, poi coi fondi aveva pagato la gita dei 100 giorni. Qualcosa del genere aveva fatto P., che gestiva la biblioteca di classe e si era venduto i libri per seguire la Roma in trasferta. Azioni che condannavamo, ma che considerammo comunque da subito appartenenti di diritto alla sfera del possibile, se non del probabile.

L'accettazione dell'assurdo quotidiano, dell'irregolare e dell'imprevedibile è il tratto che probabilmente ha segnato il mondo della mia gioventù.

Per questo ridevamo di chi pensava di aver trovato il senso delle cose. E cercavamo altri maestri.

Il demone mangia-libri adesso si sta proprio interessando agli autori che all'epoca ci davano ragione. Arthur Rimbaud, Charles Baudelaire, Joris-Karl Huysmans, Paul Verlaine, Oscar Wilde.

Devo sbrigarmi a salvarli: i controcorrente. Quelli che

ci dicevano a lettere chiare, e poetiche, ciò che avevamo confusamente intuito. Quelle parole, per come andavano le cose allora, le ragazze potevano scriverle sul diario, per un maschio sarebbe stato indecoroso anche solo averlo, il diario. Si poteva considerare, al limite, di scriverle sul banco, o sui muri, cosa che col senno di poi certo non raccomanderei.

Un proverbio cinese probabilmente apocrifo che avrei incontrato in seguito recita: «Il mondo non è in bianco e nero, ma bisogna saper distinguere tra bianco e nero senza sbagliare». A quell'età, per noi, era facile non sbagliare. Il mondo era proprio diviso in due: chi stava *dentro* e chi stava *fuori*, dal sistema, intendo. Due gruppi che si odiavano e si affascinavano a vicenda. Noi stavamo, o almeno ci piaceva immaginarci, accampati fuori dagli schemi. Questo ci permetteva di guardare con superiorità i coetanei della Roma bene che organizzavano le feste ai club sul Tevere mimando la socialità borghese, magari in compagnia di genitori di mezz'età, dunque ai nostri occhi attempati, che condividevano i loro eventi e le loro stesse comitive. (Col senno di poi rivedrei anche la definizione di attempati).

Attenzione: non era una questione politica. Accampati fuori (o accomodati dentro) potevi trovare ragazzi di destra o di sinistra. La differenza non era tra fascisti e comunisti, era tra chi «aveva capito» e chi no.

Come potevamo pensare di non aver ragione? Lo avevano scritto uomini e donne molto migliori di noi: la società è irrimediabilmente malata e negativa, e l'unica via per sopravvivere è irriderla o addirittura fuggirne.

Lo leggevamo coi Decadenti, e lo sentivamo ascoltando i Clash, i Sex Pistols, i Bauhaus e i Sisters of Mercy.

Non era un caso che i Decadenti a scuola fossero una parte del programma affrontata spesso di malavoglia tanto dai professori conservatori quanto da quelli comunisti. Erano autori senza una Chiesa e senza una fedeltà che non fosse a loro stessi. Per capire le loro opere dovevi entrare nelle singole menti, negli universi poetici e letterari che quelle menti avevano generato. Ognuno di loro era un mondo, incomprensibile al resto del pianeta, come in fondo ognuno di noi riteneva di essere. Come potevamo non immedesimarci in un albatro che vola in cielo, maestoso, ma che diventa goffo e ridicolo quando, catturato dai marinai, è costretto a deambulare sulla tolda della nave? L'uomo è unico, l'artista è unico, non esistono poeti, musicisti, pittori, esistono solo persone rapite dalle sfumature, dal disagio, dalla contestazione di tutto ciò che è accettato dagli altri.

Épater le bourgeois, sconvolgere i benpensanti, ovunque fossero. Dietro qualsiasi consolante ideologia si riparassero. Sconvolgerli, magari colorandosi i capelli di verde, come facevano i Sex Pistols e come prima di loro aveva fatto Baudelaire, o anche solo scegliendo la riva opposta della Senna, come noi avevamo scelto il quartiere di San Lorenzo, la nostra personale *rive gauche*.

«Portare Rimbaud a San Lorenzo» era lo slogan che lanciò F. a quei tempi, e non credo avesse neanche comprato *Una stagione all'inferno*, né che se lo fosse fatto prestare. Ma il punto era salire sul *Battello ebbro*.

Dentro lo sciabordare aspro delle maree,
l'altro inverno, più sordo di una mente infantile,
io corsi! E le Penisole strappate dagli ormeggi
non subirono mai sconquasso più trionfante.

Gli sconquassi del più maledetto degli autori erano magnetici. Aveva composto poesie per qualche anno, quando era giovanissimo, ed era riuscito a lasciare un segno così profondo sulla letteratura francese da cambiarne in parte il corso, certo da farne la storia. E tuttavia dove lo potevi trovare? Nei salotti parigini? In un ipotetico Circolo Canottieri Senna? No: in Africa, a commerciare armi. Una grande metafora, forse la più interessante della essenza stessa del Decadentismo.

La sua vita ce la bevevamo. A ventiquattro anni, disgustato dagli ambienti borghesi e dopo il tormentato amore con Verlaine, si imbarca per una vita rocambolesca e terribile. Cipro, lo Yemen, poi l'Abissinia a soprintendere le spedizioni di caffè e altre mercanzie, e sempre in cerca di nuove avventure anche a costo di compiere azioni che oggi ci sembrano spaventose, visto che oltre al traffico d'armi qualcuno adombrava quello di schiavi.

Nel frattempo, ed è questa la cosa che più colpisce, Rimbaud è già un mito in Francia. Non fu gloria postuma: nel 1889, due anni prima della sua morte, la rivista «Le Décadent» dice che, vivo o morto che sia, «la gloria emanata dai foglietti di Arthur Rimbaud straripa sul mondo». Il poeta lo sa, ma non torna. Ha deciso che non lascerà mai la sua Africa, dove può vivere da uomo libero. Solo la malattia alla gamba (ancora oggi ci si interroga su cosa fosse realmente), iniziata con un semplice dolore al ginocchio, lo costringe a ripartire per la Francia in cerca di una cura, che non arriverà. La gamba verrà amputata a Marsiglia, ma non basterà.

Rimbaud destinato al dramma, come Dirk Hamer, il povero ragazzo ucciso dal finto re Vittorio Emanuele III all'epoca in cui la mia generazione cominciava le superiori: assistito, anche lui, dalla sorella. Quella di Rimbaud si chiama Isabelle, gli sta accanto negli ultimi giorni di agonia, e così scrive alla madre: «Sveglio, egli termina la propria vita in una sorta di sogno continuo: dice cose bizzarre molto dolcemente, con una voce che mi incanterebbe se non mi trafiggesse il cuore. Quello che dice, sono fantasticherie – e tuttavia non è assolutamente la stessa cosa di quando delirava. Si direbbe, e io credo, che lo faccia apposta. Mentre mormorava simili cose, la suora mi ha detto sottovoce: "Ha dunque perso di nuovo conoscenza?" Ma lui ha sentito, ed è arrossito. Non ha più detto niente, però quando la suora è uscita, mi ha detto: "Mi credono matto, e tu, lo credi anche tu?" No, io non lo credo, è un essere quasi immateriale, e il suo pensiero gli sfugge suo malgrado. [...] Riconosce tutti. A volte mi chiama Giami, ma io so che lo fa perché lo vuole, e che la cosa rientra nella sua fantasticheria voluta così; del resto mischia tutto e... con arte».

Una profonda, toccante descrizione di un moribondo e una sintesi perfetta della vita e dell'arte di Rimbaud. Non lo capiscono i medici, non lo ha capito la società europea delle belle lettere ai tempi del *Battello ebbro*, lo capisce più con il cuore che con la mente la sorella, mentre raccoglie quelle «fantasticherie» che sono volute e che mischiano «tutto con arte». C'era del metodo nella follia del poeta e, classicamente, l'ha dimostrato in punto di morte incarnando nel suo corpo, ora mutilato e agonizzante, il senso stesso dello spirito decadente.

Va detto però, in tutta onestà, che noi volevamo sbirciare la *wild side* senza pagare lo scotto, o almeno evitando il peggio. Per dire: il nostro amico G. portava l'orecchino, ma a costo zero. Aveva limato la parte che sarebbe dovuta passare attraverso il lobo e incastrava il cerchietto sull'orecchio, andando in giro come un vero maledetto senza confrontarsi con la definitezza del buco. Lo aveva, ma non lo aveva. Bisogna saperci fare per schivare il buio.

Noi leggevamo tanto, e il buio lo schivammo.

Leggere quando ti fa male la vita

La *dark side of the moon* ti cerca ossessivamente quando sei giovane. Ti parla, ti sussurra, ti fa l'occhiolino. Se intorno ti sembra di non trovare nulla, puoi disperarti o puoi lasciarti attrarre da quel nulla, vivere la mancanza di significato come una vertigine. Ma se ti aspetti quello che può succedere, se hai già letto le esperienze di altri, se credi alle parole di chi c'è stato prima di te, eviti il peggio, o addirittura migliori la tua condizione. Flaubert, da piccolo, osservava di nascosto il padre che faceva le autopsie: aveva degli anticorpi, contro il sentimentalismo, che al suo personaggio più celebre non ha concesso. Emma Bovary muore suicida, il suo creatore muore mentre si fa un bagno caldo.

Non è certo solo un problema per giovani, quello del buio. Anzi.

Sono convinto che se non si potesse dare sfogo con l'immaginazione alla nostra metà oscura, se non esistesse il mondo delle idee, il mondo reale la pagherebbe cara. Se non ci fossero i libri, la musica, il cinema, insomma se non ci fossero i sogni, le parole e le immagini a dare corda ai nostri disequilibri, il mondo finirebbe in fretta.

I libri maledetti sono considerati tali perché condannano a conoscere la parte oscura della vita, e spesso il loro fascino trascina il lettore in mondi non desiderati. Io, invece, li ho sempre considerati una salvezza. Ti avvertono, ti spiegano, in qualche misura ti immunizzano.

Cura omeopatica per il mal di vivere.

Leggere funziona.

Alla fine lo capisci: semplicemente, il bene è meglio del male. Conviene, anche se il demonio attrae. Ma chi ci fa vedere com'è il baratro senza costringerci a precipitarvi dentro? Il mondo delle idee, senza dubbio.

Quindi in fondo si legge per sopravvivere.

All'inizio dell'estate 2023, la Francia è stata squassata dalla rivolta dei giovani delle *banlieues*. I disordini hanno una sola ragione: quei ragazzi non hanno il conforto del mondo delle idee. Di certo non conta dove sono nati, in quale dio credano o pensino di credere. Il punto non è da dove sono partiti loro o i loro genitori, ma quello che (non) hanno trovato là dove sono arrivati. Un mondo di idee e valori cui appartenere: un universo di parole ed emozioni che li accogliesse.

Con cosa alimenti comportamenti e abitudini se non hai un mondo ideale a farti da guida? Cosa dà senso alle cose, e le tiene al riparo dal buio?

2
Il senso dei libri per la fine

La malattia dei Buddenbrook...

Bisogna considerare che mia madre è un'insegnante di italiano e latino in pensione. Un po' perché preparava le lezioni, un po' perché gliele sentivo ripetere assieme a mia sorella di quasi tre anni maggiore di me, un po' perché mio padre amava ascoltarla spiegare, c'erano titoli che avevo orecchiato da sempre. Così, quando lo vidi nel sottopassaggio di piazza Fiume, allora occupato dalle bancarelle che vendevano le edizioni a basso costo (1000 lire, 2000 lire, classici 3000 lire, stampati a caratteri piccolissimi, con rilegature che si frantumavano non appena provavi a leggerli), fu automatico per me acquistarlo per pochi soldi.

I Buddenbrook, commercianti di cereali.

Lo schema dei Buddenbrook era semplice, immediato, sconvolgente. Il tempo di quattro generazioni per vedere schiantarsi le certezze di una famiglia borghese. La prima generazione, rappresentata da Johann, che acquista una bella casa da una famiglia di commercianti falliti. Sana borghesia: sicuro di sé, vuole affermarsi nella società attraverso il suo lavoro. Il suo motto? «*N'en parlons plus! En avant!*» Non parliamone più! Avanti!

Seconda generazione, il consolidamento: il figlio Jean è console, crede in Dio, ripete «*Dominus providebit*» e «Lavora, prega e risparmia».

La generazione che segue rappresenta la crisi: Christian ci prova a integrarsi, ma non ama il lavoro in azienda bensì il teatro, sposa una donna equivoca, finirà in manicomio. Le sue parole: «Ne ho abbastanza di tutto questo, di questo tatto, delicatezza ed equilibrio, di questo contegno e decoro... non ne posso più!...». Con le femmine di famiglia non va meglio: sua sorella Tony, due divorzi da due mariti per niente stimolanti. L'altra, Clara, muore giovane.

E poi c'è Thomas, il granello di sabbia nell'ingranaggio. Prende in mano l'azienda, sposa la figlia di un ricco commerciante per ragioni, diciamo, non solo del cuore: «Io l'amo, ma la mia felicità ed il mio orgoglio sono ancora accresciuti per il fatto che, facendola mia, conseguo nel tempo stesso un ragguardevole aumento di capitale per la ditta». Ma poi cosa succede a tanta forza di volontà, alle sue convinzioni? La lettura di Schopenhauer lo sconvolge definitivamente. Come abbiamo detto, muore cadendo nel fango e nella neve.

Suo figlio Hanno, gracile e malaticcio, mostrerà interesse per la musica e il teatro, non certo per gli affari, e messo alla prova in una scuola prussiana renderà evidente tutta la sua incapacità di integrarsi, prima di morire di tifo.

Dal 1835 al 1877: quarant'anni per veder scomparire la fede borghese nel domani. Il tempo di quattro generazioni, oggi ben meno del tempo di una vita.

È questo che è successo, che sta succedendo a noi? Il cambiamento stordisce, la complessità scoraggia l'azione, le crisi minano la fiducia nell'avvenire. È un processo irreversibile? A guardare i Buddenbrook, si direbbe di sì.

Io, però, per mestiere, la complessità l'affronto.

... e la nostra

Una collega che stimo una volta mi ha definito «illuminista», e in qualche modo la definizione mi ha gratificato. In realtà non potrei mai definirmi tale, se non altro perché non mi ci vedo a sostenere il compito pedagogico nei confronti del pubblico che, stando a Kant, sarebbe il dovere del maestro. Io lavoro per fare buona informazione, ma «educare all'uso della ragione» va oltre i miei compiti. Sono però convinto che, se vogliamo avere una chance che gli eventi della nostra vita collettiva vadano nel verso giusto, sia meglio affidarci alla logica. E alla discussione aperta e competente.

Durante la pandemia da Covid-19, *diMARTEDÌ* e altre trasmissioni sono state criticate perché hanno dato modo di esprimersi ai cosiddetti «no vax», le persone che contestavano la validità scientifica del vaccino. Stesse critiche abbiamo ricevuto quando abbiamo invitato a parlare i cosiddetti «filo-putiniani», che argomentavano le ragioni russe sulla guerra in Ucraina. Non voglio qui difendere l'ovvio (un talk show non può certo censurare le opinioni, e se il pensiero antiscientifico trova spazio nel Paese è giusto rappresentarlo, mettendolo alla prova di un confronto di livello). Voglio piuttosto riflettere sul perché dilaghino sempre più le opinioni complottiste, e sul perché siano così temute da un sistema che dovrebbe ritenersi solido.

Perché uno arriva a pensare che la Terra è piatta, se è evidente che sia tonda?

Secondo me sceglie un piano differente dalla realtà, per sostenere le sue idee. Sceglie un piano che non è nemmeno ideologico: è politico.

Contesta la rotondità della Terra perché a lui la Terra tonda non offre nulla. La vuole piatta, perché la Terra rotonda gli è nemica.

Non è un caso che molti no vax abbiano poi sposato le tesi filorusse. I contenuti delle proprie convinzioni sono, relativamente, indifferenti: lo scopo è andare contro le opinioni considerate organiche al sistema, quel sistema che non li premia. L'Occidente, la scienza, quello che sia: se questo è il sistema, e questa la vita che al suo interno mi è riservata, io il sistema lo voglio rivoltare. E non mi venite a parlare dei dati di fatto, perché a me non interessano dati di fatto che mi condannino alla marginalità.

Se queste sono le ragioni che muovono i cosiddetti complottisti, bisogna augurarsi che rimangano sempre una minoranza. Ma non silenziandoli, scomunicandoli, impedendo loro di parlare: la certificazione ufficiale del timore che le loro assurdità vengano espresse ha in genere l'effetto della benzina sul fuoco. Il divieto è da sempre qualcosa che attira, e «se non vuoi che io parli è perché hai paura che la gente mi ascolti».

Le persone che si sono trovate ai margini – e che hanno deciso di arredarli con convinzioni improbabili – non solo vanno ascoltate, ma vanno prese in considerazione con estrema attenzione. Sono i canarini da miniera del nostro livello di democrazia.

Ricordate l'orribile usanza di tenere, nelle miniere, un canarino che serviva a segnalare quando l'aria si stava facendo irrespirabile? Se infatti il metano o il monossido di carbonio nell'aria andava oltre i livelli di guardia, l'uccellino moriva. I minatori, quando ci riuscivano, si mettevano in salvo.

I complottisti di ogni genere, gli antisistema a priori in rapido aumento, e i libri che scrivono e che acquistano, per quanto poco possano piacerci, ci avvertono che il tasso di emarginazione delle persone, di disuguaglianza, di frustrazione sociale sta andando oltre il livello di guardia. In questo caso, però, ci salviamo solo portando in salvo anche loro.

I sistemi crollano quando non soddisfano più le persone che li vivono, o, almeno, crollano quando sacrificano troppe persone rispetto a quelle che soddisfano. Negli ultimi tempi abbiamo visto dei segnali di allarme: il disagio ha votato contro il sistema con l'ascesa dei partiti di estrema destra in molti Paesi e con il fenomeno Trump in America, ha rinnovato il consenso agli illiberali polacchi e ungheresi, ha spinto in Italia i successi populisti e della destra radicale. La destra radicale cresce anche in Israele e in generale nell'Est Europa.

Inutile indignarsi, meglio chiedersi cosa non funziona. Sono solo sussurri, ma ascoltiamoli: bisogna stare attenti agli scricchiolii di un sistema.

Questo è il modo in cui finisce il mondo

Che cosa succede quando crolla tutto quello in cui credi? Quando quello di cui sei sicuro scompare? I tuoi valori, le tue certezze?

Innanzitutto, scompare il filo che tiene insieme il tuo racconto. Gli eventi si affollano, si susseguono, ma perdi di vista il nesso tra causa ed effetto. Non riconosci più la logica del mondo. Se devi parlare, parli dei tuoi dubbi, delle tue paure, delle tue incertezze. Della tua mutevolezza.

Succede a molti giovani, succede a moltissimi adulti.

Non sai a cosa dare valore, non riconosci più le qualità che hai. Valevano in un mondo che non c'è più, e ora non sai che fare.

Successivamente, scompare il confine tra quello che è fuori di te e quello che è dentro di te. Non riconosci più quello che vedi, perché non ti fidi più delle categorie che hai in testa. Non sai chi è amico, chi è nemico, chi devi combattere e chi devi sostenere.

Ti senti malato, e vedi malattia intorno a te.

Su questo dente che duole batte una lingua in particolare: il tedesco della letteratura Mitteleuropea dei primi del Novecento. Gli autori che descrissero il crollo dell'Impero asburgico e l'esplosione della Prima guerra mondiale saranno i prossimi a essere divorati dal demone, non possono non piacergli. Devo sbrigarmi a ricordarne l'essenziale da salvare.

Musil, Roth, Mann, Kafka, Schnitzler... se il demone divora questa parte della libreria distrugge il pensiero del Novecento alle sue tormentate, contorte radici. Di lì a far fuori Ungaretti, Quasimodo e Montale sarà davvero un attimo.

Devo salvare i Trotta.

La famiglia protagonista della *Marcia di Radetzky* di Joseph Roth, e un po' anche del successivo *La Cripta dei Cappuccini*, mi è stata simpatica fin dal primo incontro. Mi sono sempre piaciuti per il nome, che suonava così poco tedesco, e per l'allure imperiale di tutte le loro avventure. Nei romanzi di Roth si tocca davvero cosa vuol dire vivere l'ultimo bagliore di un mondo che finisce. «E nessuno degli ufficiali dello zar, così come nessuno degli ufficiali di Sua Maestà Apostolica, poteva immaginare allora che sopra i calici cristallini da cui bevevano la morte già intrecciava le sue ossute, invisibili mani»: si sente che quella fine è inevitabile, che quel mondo era irredimibile, ma si capisce perché tanti avrebbero voluto tenerselo.

La fortuna dei Trotta ha origine in Italia, durante una delle nostre battaglie più famose, la battaglia di Solferino. Era la seconda di quelle che noi chiamiamo «guerre d'indipendenza» e che per gli austriaci – che all'epoca dominavano la Lombardia e il Veneto – erano «ribellioni delle province dell'Impero». Questa battaglia del grande sottosopra europeo che fu il Risorgimento la vincemmo noi, e liberammo la Lombardia. Ebbene, durante la battaglia di Solferino, racconta Roth, un cecchino prende di mira l'imperatore Francesco Giuseppe, Joseph Trotta lo nota in tempo, butta giù il sovrano da cavallo e si becca una pallottola nella spalla e, con la riconoscenza imperiale, il titolo di barone.

E proprio qui la cosa si fa interessante: entrati nell'aristocrazia, divenuti parte di quel mondo scintillante che avevano sognato, i Trotta vi si legano irrimediabilmente e ne godranno i fasti, ma subito dopo ne seguiranno il declino. Il figlio di Joseph, Franz, diventa un burocrate imperiale, il nipote Carl Joseph entra anche lui nell'esercito ma ben lungi dal compiere imprese gloriose finirà in una guarnigione senza importanza sul confine, mentre nella patria austroungarica esplodono rivolte sociali e scioperi. La guerra, da fuori, si è spostata dentro l'Impero e, rapidamente, lo minerà dall'interno.

Non è un caso che Carl Joseph Trotta venga ucciso alla vigilia della Prima guerra mondiale, che segnerà la definitiva dissoluzione dell'antica Austria-Ungheria: lo stesso Francesco Giuseppe si spegne un paio di anni dopo. Al funerale, i conoscenti dei Trotta commentano che, come lui, nemmeno i Trotta avrebbero potuto sopravvivere alla fine dell'Impero.

Un loro cugino è il protagonista della *Cripta dei Cappuccini*, che comincia invece nel 1913 e che segue le vicissitudini di Franz Ferdinand Trotta, concludendosi su un altro tragico cambio d'epoca, l'annessione nazista dell'Austria, le svastiche che sventolano nel cielo di Vienna. Se questo «seguito» manca dello scintillio *ancien régime* del precedente, in compenso descrive molto bene il vortice di irrazionalità in cui sta precipitando il mondo, specchiato nella vita travagliata ma senza gloria del protagonista. Desolante il finale, con Trotta che cerca invano di andare a trovare «i suoi imperatori» nella cripta dei Cappuccini che custodisce le spoglie degli Asburgo, ma la trova chiusa.

Però, a mio parere e a giudicare dalle mie sottolineature, la scena di questo romanzo che ho preferito – e in effetti è un capolavoro del genio tragicomico di Roth – è quella della morte del maggiordomo. Il vecchio cameriere che Franz va a trovare la sua notte di nozze – scelta già di per sé poco felice – e che gli cade svenuto tra le braccia. Per non lasciarlo solo, forse per non vederlo svanire come tutto il resto del mondo in cui è nato, il novello sposo rinuncerà a raggiungere la sua Elizabeth, che la prima notte di nozze la passerà in bianco. E sarebbe un'idea tollerabile, se non fosse che la licenza matrimoniale dura poco e il giorno dopo lui dovrà ripartire. Di sicuro non il migliore degli inizi per la loro unione, in compenso una scena che esprime come poche altre pagine di letteratura l'assurdità della vita – e della morte.

Ho letto Roth da ragazzo e l'ho amato anche come alfiere di una Mitteleuropa che all'inizio del Novecento era stata la culla di una fioritura artistica straordinaria quanto inquieta, conturbante, non pacificata. Sembra impossibile che una stessa città, Vienna, potesse contenere il genio di Freud e quello di Mahler, quello di Klimt e quello di Karl Kraus («Ben venga il caos, perché l'ordine non ha funzionato»), senza esplodere.

E in effetti furono gli ultimi fiori prima dell'esplosione. Dopo arrivarono quelli che i libri li bruciarono.

Noi, per quanto il nostro sistema dia evidenti segni di malessere, non dobbiamo temere quel vortice. Ma per essere sicuri di evitarlo, bisogna andare a cercare la cura alle nostre malattie. Nel mondo delle idee.

Ombre e nebbia

C'è un film di Woody Allen che avrò visto mille volte. Il titolo è *Ombre e nebbia*, è la rielaborazione di uno spettacolo teatrale precedentemente scritto dall'autore newyorkese, intitolato *M* (un richiamo a *M - Il mostro di Düsseldorf* di Fritz Lang), che nasceva come parodia del *Processo* di Kafka, a sua volta un libro straordinario (varrebbe il libro anche solo l'allucinata periferia onirica della città in cui il protagonista, perseguitato dalla legge senza sapere perché, incontra la sua fine).

Nel film, uno dei capolavori in bianco e nero dell'inimitabile Woody, si aggira tra la nebbia di una imprecisata città mitteleuropea – dalle atmosfere decisamente kafkiane – un feroce strangolatore. Un gruppo di cittadini decisi a farsi giustizia da soli sveglia nel cuore della notte il povero e insignificante impiegato Kleinman (il cognome stesso, che significa «piccolo uomo», non fa pensare a un eroe invincibile dei fumetti) affinché si unisca alle ronde. Ma non sembra esistere un piano, una strategia. O meglio, tutti ne hanno uno, quindi non ce n'è nessuno.

Dopo poco, le ronde si disuniscono, Kleinman rimane da solo e ben presto i sospetti cadono proprio su di lui, costretto a fuggire dalla folla inferocita, che lo insegue con le fiaccole nella notte buia. Finirà per nascondersi in un circo, e sopravvivrà all'incontro con il killer grazie all'arte della magia (o alla magia dell'arte, come preferite).

> Kleinman: «Che modo migliore c'è, di passare il resto della mia vita, che aiutarla in tutte quelle sue meravigliose illusioni?».
> Il mago: «È vero: tutti amano le proprie illusioni. Amano? Ne hanno bisogno: come di aria da respirare».

E tuttavia, quando tra illusioni e realtà si smette di stabilire una gerarchia, il risultato è il tracollo. Lo sa bene Ulrich Anders, il matematico protagonista dell'*Uomo senza qualità* di Robert Musil. Anders (anche qui un cognome «parlante»: rimanda al concetto di altro, di *altrimenti*) adopera il suo sapere per mettere in luce la molteplice chiave di lettura dei fenomeni, ma in questo modo perde ogni certezza, smarrendosi nel mare delle possibilità. Questo è un romanzo che ho conosciuto sui manuali, sui libri di scuola. Su cui è permesso e anzi consigliato sottolineare le citazioni, anche senza scriverle nel diario. Nella mia antologia, quelle pagine erano molto annotate e forse è per questo che Musil lo ricordo come se lo avessi letto. Un altro aspetto ampiamente sottovalutato della scuola: ti fa conoscere l'essenziale anche di quello che magari non leggerai. Se fossimo furbi, in Italia, approfitteremmo di più della scuola da giovani, e non la tratteremmo così male da adulti al potere.

A dispetto del titolo del libro, Ulrich Anders di qualità ne ha tante, ma gliene manca una importante, la capacità di agire. Principalmente perché non vede uno scopo per agire.

Se fosse in *Ombre e nebbia* si chiederebbe: qual è il piano?

Quello che lo paralizza è che la realtà sia aperta a molteplici, infinite combinazioni di eventi, e di interpretazioni degli eventi. Quale scegliere? Su quali basi? Le possibilità combinatorie del reale, se ci si ferma a ragionarci, sono molte, sono troppe: se ogni nostro passo nella vita fosse una mossa sulla scacchiera, e dovessimo fermarci a considerare ogni verosimile contromossa del destino, quando mai faremmo il passo successivo?

Eppure, da matematico, Anders crede nella capacità delle possibilità combinatorie di produrre senso. «Se esiste il senso della realtà deve esistere anche il senso della possibilità. E il senso della possibilità è la capacità di pensare tutto quello che potrebbe essere, e di non dare maggiore importanza a quello che è rispetto a quello che non è.»

Ma come si fa a dare la stessa importanza a ciò che non è rispetto a ciò che è? La realtà è l'unica certezza e, persa quella, rimangono solo i meandri della mente. E siccome Ulrich si trova a vivere la più grande condizione di incertezza possibile, cioè la guerra e subito dopo il dissolvimento dell'Impero asburgico, questo diventa per lui il simbolo del dissolvimento di ogni punto fermo. Il significato abbandona l'uomo. «I tempi procedevano alla velocità di un cammello. Non si sapeva però in che direzione. Ed era difficile distinguere il sopra dal sotto, e le cose in regresso da quelle in progresso. [...] Come quando la calamita lascia libere le particelle di ferro ed esse tornano a confondersi. O i fili cadono dal gomitolo. O si sganciano i vagoni d'un treno. O un'orchestra si mette a sonare sbagliato.»

Salta persino la fiducia nei numeri: «Quanto fa quattordici più quattordici? E lui rispondeva con circospezione: "Suppergiù da ventotto a quaranta". [...] Lo sa anche lui che aggiungendo quattordici a quattordici si arriva a ventotto, ma chi ha detto che ci si debba fermare lì?».

Anche le parole si imbizzarriscono: «Qui la gente chiama lo scoiattolo "gatto della quercia", nell'Assia invece dicono "volpe degli alberi". [...] E poi gli psichiatri [...] mostravano a Moosbrugger l'immagine di uno scoiattolo e lui rispondeva: "Questa è una volpe o forse una lepre; ma può anche essere un gatto o altro"».

Impossibile per il protagonista di Musil ricostruire un rapporto tra causa ed effetto nell'esistente, impossibile seguire un senso o un corso della storia, che procede come il «cammino di una nuvola», in «continuo sbandamento».

Ho annotato su una delle prime pagine del libro (che a quanto pare ho provato a iniziare) le parole della prof.

che spiegava *L'uomo senza qualità*: «L'unica soluzione è forse per Musil quella di rimettere insieme scienza e immaginazione, le due dimensioni che con il tempo si sono separate. Sogno e realtà».

Sotto, sottolineato due volte: «Che significa?». Mi chiedevo: «Possono stare insieme?».

Più dei mitteleuropei sono stati gli autori italiani a spiegarmi che a volte sì, possono stare insieme, e a volte invece no, e in entrambi i casi è un problema.

Il non-eroe che ce la fa

I mitteleuropei, a eccezione di Musil, sono stati in parte una scoperta extrascolastica. I novecenteschi italiani, invece, li ho incontrati proprio sui banchi e lì mi hanno parlato come ti parlano i maestri veri. Quelli che ti fanno un sacco di bene e in quel bene c'è anche un po' di male. Ti iniettano il veleno, per immunizzarti. Interlocutori come sono stati per me Italo Svevo e Luigi Pirandello.

Già da come inizia, *La coscienza di Zeno* ti stuzzica. Lo psicanalista da cui Zeno Cosini è andato per guarire dalle sue nevrosi ha proposto al suo paziente, come terapia, di buttar giù la storia della sua vita. Zeno lo ha fatto, ma poi ha interrotto la cura e il medico, che su quelle pagine aveva già lavorato e si sente «truffato», per vendicarsi pubblica quella storia. Una bella partenza, no? Cinica quanto basta. E poi, voltando pagina, sembra di fare qualcosa di un po' proibito, sbirciare nella vita e nella mente di una persona.

In effetti, già il modo in cui il romanzo è arrivato al successo fa capire che siamo davanti a qualcosa di particolare. Ettore Schmitz (vero nome di Italo Svevo) ci aveva messo vent'anni a scriverlo, i vent'anni che erano passati dal fallimento editoriale dei suoi romanzi precedenti, *Una vita* e *Senilità*. Getta l'anima oltre l'ostacolo, spedisce l'opera agli editori e sarà la Cappelli di Bologna a pubblicarlo. Potrebbe anche finire qui ma James Joyce, che Svevo conosce dal 1904 e da cui è andato a lezione di inglese quando l'autore risiedeva a Trieste, legge l'opera pubblicata e sarà l'artefice del suo successo in Francia. Anche grazie a questo exploit straniero, a partire dal 1925 *La coscienza di Zeno* comincia a suscitare maggiore curiosità negli ambienti intellettuali italiani e sarà Eugenio Montale a consacrarla con un lungo saggio.

Svevo, Joyce e Montale. Deve essere proprio un bel libro.

La vita di Zeno, *l'inetto* per eccellenza. Un susseguirsi di paradossi, esperienze involontarie, fortune non cercate e rapporti incomprensibili. Il suo eterno tentativo di smettere di fumare, il difficile rapporto col padre, commerciante benestante e sicuro di sé, che gli rimprovera poca serietà nell'organizzare la vita e una essenziale indefinitezza di fondo. «Avevamo tanto poco di comune fra di noi, ch'egli mi confessò che una delle persone che più l'inquietavano a questo mondo ero io.»

Mica male, no? Chi di noi non ha avuto qualche problema con i genitori? Ma qui è un altro livello: «M'interruppe con disgusto un giorno che gli parlai degli antipodi. Il pensiero di quella gente con la testa all'ingiù gli sconvolgeva lo stomaco. Egli mi rimproverava due altre cose: la mia distrazione e la mia tendenza a ridere delle cose più serie».

Anche sul letto di morte del padre, questo rapporto idilliaco non si smentisce: «Con uno sforzo supremo arrivò a mettersi in piedi, alzò la mano alto alto, come se avesse saputo ch'egli non poteva comunicarle altra forza che quella del suo peso e la lasciò cadere sulla mia guancia. Poi scivolò sul letto e di là sul pavimento. Morto!».

Il signor Cosini senior muore dando uno schiaffo a suo figlio. Un bel lascito, non c'è che dire.

Il tentativo dello psicanalista di razionalizzare i sentimenti di Zeno non è solo inutile, lo fa stare persino peggio. Ma le sue nevrosi, al contrario di quanto accade ai Buddenbrook, non trasformano Zeno in un disadattato. Lui, il mondo, lo capisce. Magari lo soffre, magari ne ride, ma è in grado di abitarlo con apparente successo. Come? Arriva la guerra, e Zeno diventa ricco. Il mondo si ammala e lui, malato da sempre, si integra. L'uomo è in uno stato di aberrazione profonda, questa la sua considerazione, e non si può guarire, bisogna piuttosto ammalarsi, in modo da integrarsi.

Ai miei tempi non si poteva parlare del Novecento letterario senza citare il professor Salvatore Guglielmino, e allora andiamo alle sue parole: «Per Svevo l'unica alternativa è sul piano individuale [...] è nella acquisizione della coscienza, nella consapevolezza della condizione umana, delle menzogne convenzionali acquisite a tal punto da farci ritenere validi gli alibi coi quali mascheriamo le nostre fughe dalla realtà».

Insomma: vuoi guarire? Lascia perdere ogni tentativo di razionalizzare. Lasciati avvelenare dalla vita. Ammàlati di umanità.

Tanto la scelta è quella: integrarsi o morire. E integrarsi è meglio che morire.

I non-eroi che non ce la fanno

Che non integrarsi non sia la via per la felicità lo scoprirà anche il povero Mattia Pascal, un bibliotecario ligure che sfrutta una vincita alla roulette e la errata notizia della sua morte per fuggire da moglie e lavoro che non ama e crearsi una nuova vita. Lui rifiuta di integrarsi o, meglio, è convinto che esista una società diversa in cui integrarsi. Che se il mondo non si può cambiare, forse però con una diversa identità potrà ambire a un diverso destino. Purtroppo per lui, non è così. Si renderà conto che fuori dalle convenzioni sociali non c'è speranza. La vita gli ha imposto una maschera, e il povero Mattia, togliendosela, ha provocato la propria rovina. Perché è consolatorio dire che la maschera è l'identità che la società ci impone: e se fosse invece la base della nostra identità vera? In fondo non ci è solo imposta dalle circostanze, è modellata dalla nostra vita, dalle nostre scelte. Cosa c'è, tolta quella, cosa rimane? Velleità.

La condizione di Mattia, che senza documenti non può sposare la donna amata, è la condizione di tutte le persone normali che rifiutando una realtà che sta loro stretta non riescono però a costruirne una alternativa. Infatti, tornato indietro non troverà più nulla della sua vita. Nemmeno la moglie, ora mamma in una nuova famiglia.

Non gli resterà che tornare al suo lavoro, scrivere la sua storia e portare i fiori sulla propria tomba.

È questo ciò che ci resta? Accettata la nostra condizione di prigionieri di un mondo che non è costruito secondo i nostri desideri, è questa l'unica cosa che possiamo fare? Portare i fiori sulla nostra tomba?

Peggio ancora di Mattia Pascal se la passa Vitangelo Moscarda, il protagonista dell'altro capolavoro di Pirandello *Uno, nessuno e centomila*. A Moscarda, cittadino stimato e benestante, va tutto bene fino al giorno in cui sua moglie Dida gli fa notare che ha «un naso un po' pendente». È l'inizio della fine. Moscarda comincia a essere ossessionato non tanto dal suo naso, ma dall'idea che gli altri lo giudichino a partire da questo (presunto) difetto fisico di cui non si era mai accorto. E da chissà quali altre caratteristiche che lui nemmeno sa di mostrare agli occhi del mondo. Oggi la risolveremmo con un filtro di Instagram o con una piccola operazione di chirurgia estetica, Moscarda invece piomba in una crisi epocale: se ognuna delle persone che conosce e che incontra lo vede in un modo diverso – e tutti in un modo diverso da come si vede lui – allora, lui, chi è?

Così, decide di condurre un esperimento: sbarazzarsi di tutte le sue «facce», cioè di tutte le caratteristiche sociali. Lo stato civile (si separa dalla moglie), le proprietà che possiede, il lavoro… butta via tutto nel tentativo di annullarsi, di arrivare all'osso. Lui, che credeva di essere uno (se stesso) e che ha scoperto di essere centomila (le sue molte identità sociali) si sforza di diventare nessuno. Il problema è che alla fine ci riesce, ma non vi dico come per non spoilerarvi del tutto uno dei romanzi più pazzeschi tra i molti che la scuola ci consiglia (spesso, purtroppo, invano) di leggere.

Certo, se gli autori della crisi del Novecento pongono egregiamente il problema, non per questo propongono soluzioni. E già da adolescente mi dicevo che né il pellegrinaggio desolato di Mattia Pascal sulla propria tomba né l'approccio radicale di Vitangelo Moscarda ai propri problemi identitari fossero un granché, come realizzazione di sé (né Pirandello avrebbe voluto che lo pensassi).

Qualcosa bisognava inventarsi. E quel qualcosa non poteva venire (solo) dal programma ministeriale.

3
I libri della ribellione

Al liceo erano le letture *off* che davano l'identità. I miei amici e io amavamo i pensatori anarchici, e apprezzavamo la musica *Oi!*, che erroneamente venne poi considerata di destra. Nasceva apolitica, respirava l'aria antithatcheriana, poi come sempre veniva male intesa dai gruppi della destra skinhead. Fatto sta che l'anarchia era probabilmente il vestito più adatto a noi in quel momento, al modo in cui ci percepivamo rispetto alle opzioni disponibili. Le scelte a quell'età tendono a essere radicali, ma l'estremismo di sinistra, o quello di destra, non avevano più l'attrattiva di un tempo. Quanto alla politica istituzionale, il panorama non offriva granché: a metà anni Ottanta per noi il comunismo era quello dell'Europa dell'Est, e per molti di noi sarebbe passato del tempo prima che si scoprissero i meriti (e si pesassero le contraddizioni) del partito di Berlinguer. I post-fascisti missini erano considerati fuori dal tempo, la Dc lontana dalla nostra cultura, i socialisti troppo craxiani.

Venivamo da quartieri popolari, ma studiavamo nella scuola madre del pensiero nobile della sinistra romana. Pochi anni prima, come ho detto, nei corridoi del Tasso ci si picchiava e si puntavano le pistole, ma tra l'80 e l'85 l'onda della politica si era ritirata parecchio, e aveva comunque cambiato significato. Organizzammo la prima occupazione perché si erano rotti i termosifoni, non per liberare il Cile.

Così, ci dicevamo «anarchici», sbagliando parola. Intendevamo «liberi». L'anarchia, peraltro in una nostra versione che a volte prescindeva dalla storia di quel movimento politico, era il vestito che indossavamo per mascherare il nostro disagio, di fronte a ideologie che non ci dicevano più granché. Sembrava un gioco, ma non lo era perché intanto qualcosa leggevamo, probabilmente per giustificare quello che sentivamo di essere.

«Vedrai» mi confidava M., «vedrai quando pubblicherò Nietzsche in tante copie che lo potrà leggere tutto il mondo. Lì cambieranno le cose, e il pianeta vivrà in anarchia, cioè in armonia.» Sia chiaro, anche a me sembrava un progetto logico. Se il mondo non superava le sue convinzioni e i suoi limiti era solo perché non aveva letto Nietzsche. E se non lo aveva apprezzato e condiviso era solo perché non lo aveva ancora avuto tra le mani. La congiura degli editori (non avevamo idea che Nietzsche navigasse da decenni nel catalogo Adelphi) bastava da sola a spiegare la realtà.

Ma i libri che leggevamo non ci regalavano solo idee assurde, ci stavano dando una forma.

Per dare un senso e per spiegarmi la vita che facevo, leggevo qualcosa di Stirner, approcciavo Nietzsche, mi lasciavo attrarre da quello che qualcuno mi diceva essere il pensiero di Bakunin, Andrea Costa e Georges Sorel. Non li conoscevo affatto, ma mi tranquillizzava poter contare su un retroterra filosofico e politico che soddisfacesse le mie aspirazioni di libertà e ribellione all'autorità. «Se accetti l'autorità a diciassette anni» sintetizzava d'altronde P., il nostro vate-bidello, «che campi a fare?» Con tutta la mia superficialità, con l'approssimazione di chi comprava libroni capisaldi del pensiero politico e filosofico e poi li lasciava impolverare sul comodino, stavo in quei giorni strutturando la base su cui un paio di anni dopo avrei poggiato con assoluta serietà il pensiero di Proudhon, di Weber, di Piero Gobetti e di Carlo Rosselli. Di Emilio Lussu. Poi sarebbero arrivate le letture di Karl Popper, Ortega y Gasset e Norberto Bobbio; gli studi con Dario Antiseri e Luciano Pellicani; la fortuna di lavorare con Gino Giugni.

Parallelamente avrei scoperto la letteratura di Joseph Conrad, Louis-Ferdinand Céline, Milan Kundera, e avrei digerito i già noti Italo Svevo, Luigi Pirandello, Thomas Mann.

Un effetto domino, un flipper tra politica e letteratura, un percorso culturale nato per caso, o quasi, che mi ha portato a definirmi come quello che a ora penso di essere.

I libri fanno bene anche se li poggi solo sul comodino.

Essere alla moda

C'è un bellissimo libro, *Sapiens. Da animali a dèi*, di Yuval Noah Harari, che vorrei aver avuto a disposizione in passaggi della vita in cui mi sono trovato a combattere contro modi di pensare che non condividevo, ma che tutti davano per scontati. Mi avrebbe dato molta sicurezza.

Non parlo di azioni eroiche, non parlo di battaglie politiche. Parlo dell'integrazione in gruppi chiusi nei quali aspiravo a entrare, fossero le comitive giuste negli anni Ottanta o le caste professionali negli anni Novanta.

Scrive Harari: «Come agire per far sì che la gente creda a un ordine costituito immaginario quale il cristianesimo, la democrazia o il capitalismo? Per prima cosa, non si deve ammettere mai che l'ordine è stato immaginato. Bisogna dire sempre che l'ordine in base al quale si regge la società è una realtà oggettiva creata da grandi dèi o dalle leggi della natura. [...] Occorre poi una sistematica educazione delle persone. Fin da quando nascono, verranno costantemente indottrinate con i princìpi dell'ordine costituito immaginario: princìpi che saranno inseriti dappertutto. Eccoli così incorporati dentro favole, commedie, quadri, canzoni, regole del galateo, propaganda politica, architettura, ricette, o moda. Per esempio, oggi la gente crede nell'uguaglianza, per cui è di moda per i ragazzi ricchi portare i jeans, originariamente un capo d'abbigliamento della classe operaia. Nell'Europa medievale si credeva nelle divisioni tra classi sociali, così a nessun giovane nobile sarebbe venuto in mente di mettersi un camiciotto da contadino».

L'adesione alle mode è transitoria, l'abitudine a servirsi di mode e ideologie per definire l'identità e orientare il consenso sociale è un dato permanente. Ma se nulla è dato, e tutto è costruito dall'uomo, se nulla ha valore in sé, ma a tutto diamo valore noi, allora entrare in un gruppo o non entrarci forse non è così importante. «Non vorrei mai far parte di un club che accetta uno come me tra i suoi soci» è la famosa battuta di Groucho Marx (ho amato l'autobiografia *Groucho and Me* che – sempre che l'abbia capita, visto che l'ho letta in inglese – è una miniera non solo di risate ma di riflessioni sull'identità e sull'assurdità dei riti sociali).

Le mode sono tante, tanti i club, e anche solo la statistica ci insegna che da qualcosa si rimane esclusi. Qualche obiettivo sociale che non riusciamo a raggiungere, qualche compagnia in cui non riusciamo a entrare, qualche evento cui non riusciamo a partecipare ci sarà sempre. I libri ci salvano da una tendenza pericolosa, e comune a tutti: farne un dramma.

Qui le citazioni dalla mia biblioteca sotto attacco demoniaco potrebbero fioccare, dai rivoluzionari libri di Villaggio su Fantozzi all'autobiografia di Woody Allen, fino alla *Versione di Barney* di Mordecai Richler, romanzo bruciante, che ho amato moltissimo. Ma Harari, che il demone non ha ancora individuato forse perché si sta concentrando sulla narrativa, sottolinea l'essenziale: l'unico gruppo a cui è importante appartenere è quello umano.

Per il resto, ognuno può dare alla propria vita il valore che decide di darle. E non sempre si tratta di un esercizio facile.

Leggere per disperazione o contro la disperazione

Quando ancora lavoravo al Giornale Radio ero entrato nella Nazionale di calcio dei giornalisti Rai. Era l'iniziativa di uno storico giornalista del Tg2, Carlo Picone, e ci allenava un ex terzino di Inter e Lazio, Mario Facco. Era un modo per fare beneficenza, visto che la squadra era composta da molti volti noti (da Lamberto Sposini a Piero Marrazzo, da Giampiero Galeazzi a Giuliano Giubilei) e il pubblico veniva numeroso a seguire le nostre partite. Io ero un neo-assunto della radio, certo non un volto noto, ma in campo sapevo farmi valere e avevo trovato un posto nella rosa.

Ci fu una trasferta in Sardegna. Il viaggio fu lunghissimo, perché l'aereo era in ritardo e atterrò ad Alghero, mentre noi dovevamo giocare a Olbia contro i piloti di Formula 1. Raggiungemmo Olbia in pullman, giocammo la partita, dormimmo a Baia Sardinia e il giorno dopo ripartimmo, sempre da Alghero.

Era una delle mie prime trasferte e non conoscevo nessuno. Molti di loro erano vip, o veterani della Rai; avevano i loro codici, i loro ricordi da condividere, era un ambiente che mi vedeva straniero. Così, non sapendo che fare, tirai fuori un libro che mi era rimasto in borsa da una recente trasferta all'estero: *Memorie di Adriano*, di Marguerite Yourcenar. Stavo seduto in pullman, accanto a un collega della radio, ginocchia schiacciate contro il sedile di fronte e leggevo.

La vita pubblica e quella privata di Adriano, le sue passioni e i suoi doveri, il trionfo militare e l'amore per la poesia. L'epoca senza dèi e senza Cristo, l'*animula vagula blandula* alle soglie della morte, il tormento filosofico e la dolcezza dell'arte e dell'amore. La rassegnazione con cui ci si avvicina alla dipartita.

Un collega del tg si girò dal posto davanti al mio, tirò su brusco la copertina dalle mie mani per vedere di cosa si trattasse e chiese secco al mio vicino: «Ma questo che cazzo sta a fa'?».

Non aveva tutti i torti, certo. Ma purtroppo, il potere che hanno i libri di salvarti, di tirarti fuori dai momenti di difficoltà, a volte si declina in un'idea fin troppo diffusa: leggere è una cosa per chi non ha di meglio da fare, per chi magari è in crisi. Devo dire che il collega era in buona fede, visto che dopo un paio di partite e con un piccolo sforzo mi integrai nel gruppo e li scoprii simpatici e inclusivi. Resta però il fatto che l'idea della lettura come rifugio degli sfigati è un luogo comune e come tale ha un fondo di verità – la timidezza può farti scegliere la lettura come fuga – e una grossa parte di falsità. Pensiamo al campione dei lettori infelici – e degli infelici in generale – ovvero lui, l'unico e solo Giacomo Leopardi.

«È morto di gobba» spiegava a Serena Dandini l'indimenticabile Lorenzo, lo studente interpretato da Corrado Guzzanti. Gli studiosi si dividono sulla malattia di cui soffriva Leopardi – malattia di Pott, impotenza, crisi depressive... è stato ipotizzato di tutto – ma tutti concordano che passasse molto tempo sui libri. Da qui l'equazione per cui se leggi sei al margine della socialità. Sbagliatissima, ma chi di noi non ha esortato almeno una volta: «Posa quel libro e vieni a fare una partita?». A volte con ragione perché, diciamocelo, nella vita non ci sono solo i libri, come non ci sono solo le partite, e questo era proprio il problema di Leopardi. Lui stesso scriveva a Pietro Giordani: «Unico divertimento in Recanati è lo studio: unico divertimento è quello che mi ammazza: tutto il resto è noia».

A parte la sorpresa di scoprire la fonte di Franco Califano, dobbiamo accettare l'idea che senza lo studio che uccideva Leopardi non avremmo avuto la sua splendida opera, il suo lavoro sulla natura del dolore, non ci saremmo forse resi conto della tragica forza della ragione. O del potere taumaturgico della filosofia. Non avremmo una poesia come *L'infinito*, che ci descrive così bene i rari momenti in cui la nostra mente diventa più grande del nostro corpo, e riusciamo a spaziare con il pensiero, con l'immaginazione: «Così tra questa immensità s'annega il pensier mio».

Ecco perché non vale l'equazione di cui sopra. La sofferenza del poeta non comunica, a chi legge, il dolore: al contrario, può contribuire ad alleggerire il peso della vita.

Nel vasto mare della lettura, la poesia ha un posto speciale perché è una lettura che attiva desideri che non sapevamo di avere. Se Leopardi soffriva, in qualche misura lo ha fatto per tutti noi, e noi dovremmo scusarci con lui per tutte le volte che ne abbiamo usato il cognome per indicare un disperato.

Non ce li meritiamo, i poeti

Non è Leopardi il solo poeta a cui dovremmo mandare una buona bottiglia o un mazzo di fiori per scusarci di averlo sottovalutato: il caso di Giovanni Pascoli è quasi più eclatante. Lo abbiamo immaginato in tanti come un malinconico vecchietto un po' banale, e invece forse oggi sarebbe uno sceneggiatore visionario dall'anima dark. Ha avuto una vita difficile che farebbe la fortuna dei giornalisti a caccia di dettagli biografici: sperimenta, da ragazzino, la gioia della casa e della famiglia numerosa, poi la cavallina storna riporta il padre cadavere, ucciso da due sicari. Da lì, crolla tutto: dieci figli divisi in famiglie diverse, lui che nell'isolamento idealizza la sua infanzia. Diventa insegnante e cerca piano piano, con lo stipendio, di ricostruire la casa avita, impresa in cui con notevole tigna riesce da anziano, quando ormai però può riportare al focolare solo una sorella. Un anziano che non vuole tornare giovane: vuole proprio tornare bambino. Artista inquietante, che trasforma la realtà in simboli di quello che sarebbe stato il suo ideale, e che quindi dà voce a tutte le nostre nostalgie.

E s'aprono i fiori notturni,
nell'ora che penso ai miei cari.
Sono apparse in mezzo ai viburni
le farfalle crepuscolari.
Da un pezzo si tacquero i gridi:
là sola una casa bisbiglia.
Sotto l'ali dormono i nidi,
come gli occhi sotto le ciglia.
Dai calici aperti si esala
l'odore di fragole rosse.
Splende un lume là nella sala.
Nasce l'erba sopra le fosse.

Roba da far venire i brividi, un vero e proprio black fantasy stralunato. Eppure Pascoli passa per essere un cantore dell'idillio, le sue poesie sono considerate testi da far imparare a memoria ai bambini.

A volte penso che i poeti che ci fanno studiare a scuola bisognerebbe invece vietarli, e allora da giovani ce li andremmo a cercare, i loro versi, ce li passeremmo di contrabbando. Non è un caso che tra quelli che «ci toccano» nel programma ministeriale il più popolare sia Gabriele D'Annunzio, quello che ci hanno da sempre (ed erroneamente) presentato come il più maledetto di tutti (e che se non cambia il clima politico nel Paese magari studieremo presto al posto di Dante). Anche lui era piuttosto singolare, come personaggio. Sembra fosse ossessionato dalla lettura delle stelle e dalla possibilità di prevedere la propria morte. A questo scopo, verso la fine della sua vita, chiuso nel suo Vittoriale degli Italiani, avrebbe studiato a fondo il metodo «Barbanera» e durante uno studio del calendario del 1938 avrebbe segnato il 1° marzo come data del suo fatidico trapasso. Se è davvero andata così, ci ha preso.

Lasciamo perdere le leggende sulle sue operazioni alle costole, sorvoliamo sull'idea che ebbe di fare bassa la porta del suo studio, di modo che chi entrava si dovesse inchinare al suo cospetto; di lui conosciamo tutti l'impresa di Fiume, le intemperanze politiche, le rodomontate, magari se facciamo una passeggiata nel bosco ricordiamo la sua *Pioggia nel pineto* («Piove dalle nuvole sparse, piove su le tamerici salmastre ed arse, piove sui pini scagliosi ed irti, piove su i mirti divini...»). Forse in pochi però hanno presente l'opera che persino il mio demone non sta toccando perché è effettivamente troppo psichedelica, il *Notturno*.

D'Annunzio la compone allettato e bendato a causa del distacco della retina (che più volte spacciò per ferita di guerra), scrivendo su striscioline di carta che poi passa a quella poveretta della figlia, la quale ha il compito di raccoglierle, trascriverle e ricomporle. Il Vate non amava dettare («il pudore segreto dell'arte che non vuole intermediarii o testimonii fra la materia e colui che la tratta») ma non aveva problemi a sfruttare la figlia che si fece carico di circa 10mila pizzini. Così nasce il *Notturno*, la sua poetica forse più bella e decadente.

«La fiamma cresce, la canicola infuria. La sabbia brilla nella mia visione come mica e quarzo. Mi abbarbaglia, mi dà la vertigine e il terrore, come il deserto libico quando quella mattina cavalcavo solo verso le tombe di Sakkarah.

«Non ho difesa di palpebre né altro schermo. Il tremendo ardore è sotto la mia fronte, inevitabile.

«Il giallo s'arrossa, il piano si travaglia. Tutto diventa irto e tagliente. Poi, come una mano creatrice foggia le figure nella creta cedevole, un soffio misterioso alza dalla distesa abbagliante rilievi di forme umane e bestiali.

«Ora il fuoco solido è trattato come la pietra a scarpello.

«Ho davanti a me una parete rigida di roccia rovente scolpita d'uomini e di mostri. A quando a quando sbatte come una immensa vela, e le apparizioni si agitano. Poi tutto fugge, portato via dal turbine rosso, come un mucchio di tende nel deserto.»

Psichedelia pura. Ce n'eravamo accorti, in questo caso, persino leggendolo su un testo che consideravamo di per sé privo di poesia come l'antologia di letteratura. D'Annunzio ci stava antipatico, certo, ma se persino il più odioso di tutti fomentava e giustificava le nostre aspirazioni da libertari maledetti, pensavamo davvero di essere arrivati alla consapevolezza assoluta, alla saggezza perfetta e rotonda.

E invece la vita preparava per noi liceali una svolta, e l'incontro con nuovi autori.

4
La cura dei libri

Canta sempre Robert Smith, leader dei Cure:

Un altro giorno come oggi e ti ammazzo
Un desiderio di carne e sangue vero
E ti guarderò affogare nella doccia
E spingerò la mia vita nei tuoi occhi aperti
Devo combattere questa malattia
Trovare una cura
Devo combattere questa malattia.

Le crisi personali, la mancanza di senso, il fascino delle droghe e dell'alcol. Se questi erano i temi che affascinavano la nostra età, era facile scegliersi ognuno il proprio verso di riferimento.

Noi scegliemmo, appunto, i Cure, probabilmente (insieme ai Joy Division) i più autorevoli interpreti della cosiddetta *Dark wave* che dalla Gran Bretagna invase l'Europa dagli inizi degli anni Ottanta. Sarà stato il

1988, o forse il 1989, ed eravamo a una festa ad Ancona, a casa di una nostra collega dell'università. Io e A. (un amico che adesso è un autorevole e stimato direttore di un giornale di destra) asfissiammo fino all'alba Beatrice, che poi sarebbe diventata mia moglie, proponendole il meglio della *wave*. Bauhaus, Joy Division, Echo & the Bunnymen, Siouxsie e tutto il resto.

Scegliemmo in quel momento il nostro verso di riferimento. Le ultime parole dell'ultimo brano del più importante lavoro dei Cure, *Pornography*. L'album si apre con le parole «Non importa se moriamo tutti» e si chiude con i versi «Devo combattere questo male, trovare una cura».

Scegliemmo questi ultimi. Io, A. e molti altri volevamo la cura.

(Sia detto per inciso, Beatrice in realtà malata non era, e mise agli atti: «Ma che siete, scemi?».)

P., un mio collega universitario serio e preciso, aveva una sua cura: il disincanto. Mentre in tanti aspettavamo tesi che ci chiamassero all'esame, lui stava seduto da una parte, leggendo il «Corriere dello Sport». Quando arrivava il suo turno, chiudeva il giornale e si sedeva davanti al professore. Prendeva 30 e lode, ripassava a prendere il «Corriere» sulla sedia e se ne tornava a casa.

Fu P., che con me usciva dal suo tradizionale riserbo in nome della comune passione per la magica Roma, a spiegarmi Max Weber meglio ancora di quanto ce lo avesse spiegato il professore. In *La scienza come professione* Weber parla di «disincantamento del mondo»: la consapevolezza che, grazie alla scienza, «tutte le cose, per principio, si possono *dominare* attraverso il *calcolo*». «Non è più necessario, come fa il selvaggio per il quale esistono tali forze, ricorrere a mezzi magici per dominare o propiziarsi gli spiriti. Ciò si ottiene con i mezzi tecnici e con il calcolo.»

P. mi spiegò con poche, semplici parole l'effetto che questa lezione avrebbe avuto sulle nostre vite: «Dovremmo aspettare che ci dia il senso delle cose un Dio che probabilmente ci siamo inventati, ma che comunque non vedremo mai?» mi disse chiudendo momentaneamente il giornale. «O il comunismo, o il fascismo? Quelli sappiamo anche chi e quando se li sono inventati... Meglio fare da soli, diciamoci la verità. Meglio studiare il senso che nel tempo le donne e gli uomini hanno dato alle cose, e farci una nostra idea. Ognuno immagina il suo mondo, poi ci vediamo e ne discutiamo tranquillamente, oggi in un'aula universitaria, magari domani in un Parlamento.»

L'approccio così laico e il giornale così sportivo di P. erano piuttosto rari. Erano anni ibridi. Non era più il tempo delle grandi ideologie ma, ciononostante, era un tempo in cui le identità, compresa quella politica, erano tutt'altro che fluide. Per stabilizzarle, e comunicarle al mondo, si usava anche il quotidiano che tenevi sottobraccio. Lo compravi e lo mostravi, in modo da rendere riconoscibile la tua identità: spuntando dalla tasca della giacca dichiarava chi eri e cosa pensavi. C'era differenza tra chi comprava «il manifesto», chi «il Giornale» di Montanelli, chi come me «la Repubblica». A

Roma gli adulti più progressisti compravano «Il Messaggero», i conservatori «Il Tempo». I figli di questi ultimi erano i più fortunati, perché le pagine sportive erano fatte molto bene.

I miei, da sempre laici, facevano la collezione di «L'Espresso» e «Panorama»; il primo aveva in genere un nudo in copertina e l'ultima pagina la firmava Umberto Eco. C'è qualcosa di più anni Ottanta?

A prescindere dai quotidiani frequentati, io e A., come pure diversi nostri amici, eravamo d'accordo su un concetto: se il mondo non ha significato è perché ognuno di noi è libero di dargli il proprio, e questo è un bene. Per il mio amico, poi, a portare questo significato fu la svolta a destra, per me quella a sinistra, ma in realtà contava meno di quel che sembrasse. A entrambi pareva di aver trovato la cura, per la malattia identitaria nostra e del nostro tempo.

La cura era la politica.

Stampa radicale, stampa popolare

Il primo voto di molti di noi fu per il Partito radicale. Fu così per tante ragioni, e ho provato a spiegare quanto poco fossero attraenti le proposte sul tavolo della politica istituzionale. Ma un'attenta analisi del pensiero di Roma Est di quegli anni porta a non escludere che il successo di Marco Pannella ed Emma Bonino fosse anche, se non soprattutto, dovuto alla grande diffusione dei classici del pensiero a 1000 lire.

I lettori miei coetanei ricorderanno di sicuro i mitici libri a 1000 lire, i 10x14, quelli che pubblicava la casa editrice Stampa Alternativa, fondata negli anni Settanta da Marcello Baraghini, un attivista del Partito radicale. Il nome della collana corrispondeva al prezzo, più che politico, ed erano fascicoletti spillati a punto metallico, che si infilavano facilmente in tasca e persino negli altri libri. Nel nostro gruppo li spacciava S., che credo avesse un'edicola o qualcosa del genere, ma i Millelire andavano a ruba anche nel già citato sottopassaggio di piazza Fiume, o in quello di largo Chigi. Andavano bene ovunque, se consideriamo che vendettero decine di milioni di copie, di cui oltre due milioni solo con la *Lettera sulla felicità* di Epicuro.

Oggi due milioni di copie non li vende nemmeno il giallista più bestseller. Cos'aveva questo filosofo greco del IV secolo avanti Cristo per affascinare le masse? Non era solo il titolo a essere accattivante, sentite qui: «Ecco che da giovani come da vecchi è giusto che noi ci dedichiamo a conoscere la felicità». Ma anche: «La saggezza è principio di tutte le altre virtù e ci insegna che non si può essere felici, senza essere saggi, onesti e giusti. Le virtù in realtà sono un'unica cosa con la vita felice e questa è inseparabile da esse». Anche oggi Epicuro è molto saccheggiato per le frasi da card sui social. All'epoca la cultura era meno a portata di clic – non c'era internet, niente Google, so bene che i più giovani non riescono nemmeno a immaginare quel mondo – e quello «sdoganamento» di un classico che credevamo confinato nelle più remote biblioteche fu rivoluzionario. In quel libriccino con la copertina semplicissima, stampata con il disegno di una busta, la saggezza degli antichi usciva dai libri di testo per diventare un messaggio improvvisamente accessibile, dedicato proprio a noi.

Questa è la più grande magia che compiono i libri, e l'indubbio colpo di genio dei Millelire diede una bella mano per farci incontrare pagine capaci di regalarci epifanie. Erano leggeri, a basso costo, intriganti. Iniziarono a girare testi monografici su sessualità, ambiente, droghe, aborto. Poi gli altri classici: Tacito, Plutarco, Spinoza, Epicuro, Euripide, e ancora Papini, Mark Twain, Jonathan Swift, Jack Kerouac, Charles Bukowski, Alda Merini... tutti i più grandi, nel più grande disordine editoriale (e di conseguenza di lettura) che si possa immaginare. Racconta Baraghini in un'intervista al «post.it»: «C'era una nuova tipologia di lettori: giovani e indipendenti. L'indagine che facemmo al momento in cui avevamo già venduto milioni di copie diceva che il 90 per cento di coloro che compravano i Millelire avevano in media sedici anni, e che per l'80 per cento erano donne. Ragazze che da sole si compravano i libri, li leggevano e li regalavano ai loro insegnanti. Si stava affermando una nuova categoria di lettori e una nuova tipologia di libri, i supereconomici, e nel mondo ne nacquero dei cloni». E i cloni, materialmente più solidi, a volte cartonati (la mia edizione dei *Buddenbrook* è di uno dei concorrenti), alla lunga spazzarono via dal mercato i 10x14.

Forse la mia generazione è stata formata più da Stampa Alternativa che da Feltrinelli o da Einaudi. Mi chiedo spesso cosa ne abbiamo fatto, di questo spirito liberale da cui fummo evidentemente catturati per tanti anni, e per anni formativi. Tutte queste parole incontrate, tutte queste rivelazioni condivise, perché non hanno prodotto maggiore saggezza, maggiore capacità di gestire l'esistente? Gli ultimi esperimenti di governo a guida dei quaranta-cinquantenni sembrano essere stati veri e propri fallimenti. Il più recente ha persino un amaro sapore illiberale.

Avremo letto poco o avremo letto male?

Il mondo si rovescia

L'età dell'innocenza è un periodo preciso della vita di ognuno, magari non per tutti lo stesso, e per ognuno finisce. Per quanto mi riguarda, se dovessi azzardare una data d'inizio per la consapevolezza che il mondo reale non era fatto, dopotutto, della stessa materia dei sogni come sosteneva Shakespeare, sceglierei il settembre del 1986. Il Bardo non aveva mai dovuto affrontare un test d'ingresso all'università, io sì: in mezzo a una massa di aspiranti studenti della Luiss, l'università della Confindustria, quella che garantiva che poi le aziende avrebbero fatto a botte per assumerti. Eravamo quasi tremila e i posti a disposizione, in tutto, poco più di seicento, per tre diverse facoltà: Economia e commercio, Giurisprudenza, Scienze politiche.

Criterio di selezione: il punteggio nei test di Eysenck.

Test di intelligenza, quelli del tipo: «Microscopio, lente d'ingrandimento, microfono, telescopio: quale di queste parole non c'entra con le altre?». Chi non passava l'esame, insomma, non solo non entrava alla Luiss, ma doveva farsi delle domande sulle proprie capacità intellettive.

Noi volevamo entrare (e dimostrare che eravamo intelligenti) ma eravamo ambivalenti: la Luiss era il contrario dello spirito anarchico da cui ci sentivamo ancora posseduti. Sentivamo che la goliardia, la trasgressione, l'appartenenza al gruppo, l'amore per le speculazioni filosofiche non avrebbero avuto cittadinanza in quel fortino del buonsenso borghese. Stavamo per «metterci in riga», pensavamo, disposti a farci lavare il cervello pur di fare soldi e carriera. Credevamo di avere saltato il fosso, e un po' ci sentivamo di aver tradito i nostri amici iscritti alle università pubbliche che equivalevano (sempre nelle nostre teste) a impegno sociale, abnegazione retributiva, scelta «alta» del collettivo contro la pragmatica del particolare. Naturalmente dopo qualche mese avremmo scoperto che così non era, ma in quel giorno del settembre 1986 ci sentivamo sulle soglie di un altro mondo, ed eravamo decisi a entrarci sì, ma alle nostre condizioni.

Eravamo in quattro, come i moschettieri. Ricordate? Tutti per uno, e uno per tutti, e quel sentimento di essere insieme prima della battaglia: «Finché fu buio, stettero muti; subivano, loro malgrado, l'influsso dell'oscurità, vedevano imboscate dappertutto. Alla luce dell'alba, le lingue si sciolsero; con il sole, tornò l'allegria; pareva la vigilia di un combattimento, il cuore batteva, gli occhi ridevano; si sentiva che la vita, che forse stavano per perdere, era, in fondo, una bella cosa». Così eravamo noi, anche se la situazione era ben meno drammatica e l'unico rischio che correvamo era quello di frequentare, dopotutto, una importantissima università. Ci eravamo messi vicini, in modo da aiutarci e suggerirci il più possibile.

Sia chiaro, avevamo studiato. In realtà nessuno di noi avrebbe avuto bisogno di aiuto, ma noi *volevamo* copiare. Volevamo copiare e far copiare, in modo, se non altro, da fregare il sistema cui ci stavamo consegnando. Avremmo portato con noi le nostre regole, o almeno qualcuno del nostro gruppo, del nostro giro, del nostro clan.

Su queste nobili intenzioni, cadde la scure di una sola frase, pronunciata dal presidente della Commissione.

Il professore lesse il regolamento, ci spiegò come funzionava l'esame, diede le istruzioni burocratiche per compilare e chiudere la busta in cui avremmo infilato i fogli d'esame. Poi sibilò: «Se volete far copiare, fate pure copiare. Considerate solo che chi copia, alla fine, potrebbe entrare al posto vostro».

Poi si mise a leggere il giornale, e non ci guardò più.

Come Copernico, avevo scoperto che le mie idee e le mie convinzioni non erano il Sole attorno a cui girava l'universo. Era inutile che mi accanissi contro il sistema perché il sistema ero io, e, se avessi fregato il sistema, avrei fregato me stesso.

Conformisti e non

Mi sembra di capire che il demone mi legga nel pensiero. Capisce su cosa sto ragionando e va a fare piazza pulita delle reminiscenze letterarie. Se così fosse potrei anticiparlo. Sono concentrato sulla libertà dai condizionamenti, dalle convenzioni, dai poteri? Il demone fa una finta: accenna il movimento verso *Un uomo* di Oriana Fallaci, tragica descrizione del potere omicida del conformismo (sia quello del potere sia quello dell'antipotere), ma poi scarta, e dimostra di voler giocare più raffinato. Punta quello che secondo me è uno dei più bei romanzi sulla ribellione: *L'età dell'innocenza* di Edith Wharton, la prima donna Premio Pulitzer.

Come tante storie d'amore, il riassunto all'osso è un triangolo: lui, Newland Archer, è un giovane e brillante avvocato nella New York di fine Ottocento. Lei, May, è la donna che, secondo i canoni della buona borghesia a cui appartiene, dovrebbe sposare. L'altra è Ellen, una donna dal passato discusso, tra l'altro ancora sposata con quello da cui è fuggita. L'arrivo di Ellen a New York sconvolge le regole della buona borghesia, ma soprattutto sconvolge la vita e i progetti di Archer. Il cuore del problema è che il divorzio, sebbene legale, è socialmente inammissibile nell'ambiente a cui lui appartiene, per cui, anche se Ellen lasciasse il marito, lui non potrebbe sposarla. Naturalmente il lettore è libero di parteggiare per l'una o per l'altra donna, di fare il tifo perché Newland abbandoni la famiglia per seguire Ellen in Europa o perché preservi quel che ha costruito nella sua vita ordinata, ma il punto non è questo, come mostra lo struggente finale del libro (che non vi rivelerò).

Il punto è che quel sentimento descritto da Wharton, di solitudine, di inautenticità rispetto al contesto in cui la vita ci ha messo, lo proviamo in molti, soprattutto – anche se di certo non solo – negli anni formativi, quando ancora non sappiamo chi siamo e a chi apparteniamo. («La solitudine vera è vivere in mezzo a tutte queste persone gentili che ti chiedono soltanto di fingere!» è una delle frasi più citate del romanzo.) A questo disagio esistenziale tentiamo di sfuggire con le più varie ribellioni, con le più varie storie, magari proprio storie d'amore. Ma scappare per sempre non si può, considerare per sempre ogni scelta come provvisoria non si può. Arriva per tutti un momento in cui dobbiamo scegliere chi vogliamo essere, a quale contesto vogliamo appartenere, come ci vogliamo definire e da cosa ci vogliamo lasciar definire.

Anche per quanto riguarda il lavoro. Penso al mio: spesso vuole diventare giornalista proprio chi è in qualche modo infastidito dall'omologazione, chi vuole aprire delle crepe nelle abitudini e nei luoghi comuni. Si vuole essere giornalisti per disturbare un po' tutti, anche se stessi. Ma il filo su cui si cammina è sottile, perché esistono luoghi comuni anche nell'anticonformismo.

In ogni ambiente e mestiere, a ogni età, ci sono comportamenti, tic, espressioni, mode che si adottano per entrare in un contesto, per adattarsi ed essere accettati. Il conformista si accomoda nei tic di un universo, vi si adagia, si addormenta soddisfatto. Diventa quindi il più convinto difensore e propagatore dello status quo, delle frasi fatte, dei comportamenti convenzionali, del galateo che gli ha assicurato un'identità, un ruolo, una funzione. Il conformista recita a vuoto, gonfia le parole, accende la retorica e combatte la novità, il dubbio, la critica. Questo succede in ogni professione ma nel giornalismo è particolarmente deleterio. Perché un giornalista che difende i luoghi comuni non è soltanto un cattivo professionista: è un nemico della propria missione. Accetta lo svilimento e lo svuotamento dell'unica arma che ha: la parola. La trappola speculare? Quello del giornalista forzatamente originale, che ricalca il luogo comune dello scapigliato, del ribelle, o dell'irrispettoso. Dell'anticonformista, insomma.

Allora non c'è salvezza? C'è: basta evitare di identificarsi con il proprio personaggio (se proprio si è costretti ad avere un personaggio). Indossare una maschera sociale, lo abbiamo visto, non è di per sé sbagliato e forse è inevitabile. È sbagliato credere che nelle maschere si sostanzi e si esaurisca la nostra realtà, e quella dei fatti e delle persone.

E per schivare questa trappola c'è un solo modo: osservare, analizzare, mettersi in gioco.

Non abbiamo per forza ragione

Dario Antiseri è uno dei più importanti storici della filosofia in Italia, ed era il nostro professore di Metodologia delle scienze sociali. Potremmo chiamarla «la scienza che definisce le scienze»: ti insegna che non hai mai a che fare con certezze, bensì con approssimazioni. E affinché quelle approssimazioni somiglino alla realtà, hai bisogno di due cose: spirito di osservazione e spirito critico.

Antiseri entrò in aula, andò dall'ingresso alla cattedra e una volta seduto aspettò qualche secondo prima di chiedere: «Mi avete visto bene?».

Silenzio di tutti noi.

«Mi avete guardato bene?»

Qualcuno annuì perplesso.

«Sapete come sono fatto?»

«Certo...» balbettò qualcuno in prima fila.

«Avete visto come sono vestito?»

«Sì...»

«L'avete visto bene?»

«Sì» rispose uno studente deciso, dalla terza fila.

«Bene» lo puntò Antiseri. «Allora dimmi: di che colore ho i calzini?»

L'intera aula abbassò lo sguardo, ma niente. Era troppo tardi. Le caviglie del professore erano nascoste dalla cattedra.

«Siete sicuri di sapere le cose, siete sicuri di vedere le cose...» iniziò la lezione il grande filosofo liberale «ma sapete solo quello che sapete, e vedete solo quello che volete vedere, o che riuscite a vedere. Sono sicuro che la prossima volta che entrerò in aula mi guarderete le caviglie. Ma non avrò più i calzini che ho oggi. Forse.»

Fu proprio il professor Antiseri a raccontarci la storia del tacchino filosofo che ogni mattina alle nove riceveva il mangime dal fattore. Passavano i giorni, le settimane, i mesi: col caldo e col freddo, con la pioggia e con il sole, persino con la neve, alle nove del mattino arrivava il cibo. Il tacchino a quel punto stabilì: «Mi danno sempre il mangime alle nove del mattino». Era il 24 dicembre, e il mattino dopo, alle nove, il fattore lo sgozzò.

Siamo tutti un po' tacchini. Osserviamo la realtà, spesso male, e ci formiamo delle convinzioni, spesso incrollabili. Ma per quanti casi tu possa osservare, non potrai mai stabilire una legge certa. Il sole sorge ogni giorno? Speriamo lo faccia anche domani, ma non possiamo esserne sicuri. Facciamo le corna, ma purtroppo è così: il fatto che sorga da sempre (da *sempre*?) non vuol dire che lo faccia per sempre (una volta che ci fossimo messi d'accordo su cosa significa l'avverbio «sempre»). Lo ha scritto con chiarezza il filosofo Ludwig Wittgenstein, in una delle folgoranti asserzioni che compongono il suo *Tractatus logico-philosophicus*: «Che il sole sorgerà domani è un'ipotesi; e ciò vuol dire: non sappiamo se esso sorgerà». Per essere certo di qualcosa dovresti controllare l'infinito numero di forme e occorrenze che quel qualcosa potrebbe avere avuto ieri, avere oggi o domani. Vuoi controllare tutti i cigni del mondo per arrivare a giurare che tutti i cigni del mondo sono bianchi? Vai a verificare, e quando hai finito ricomincia, perché potrebbe intanto esserne nato uno nero. Se ci basiamo sulla semplice osservazione dell'esistente, i casi da controllare sono sempre infiniti, e per quanto ci diamo da fare la nostra esperienza, rapportata all'infinito, sarà sempre pari a zero.

Pensiero spaventoso? Al contrario: rassicurante. Se sei aperto alla possibilità di essere smentito, se non ti metti in testa di conoscere la Verità ma ti accontenti di essere (per quel che ne sai) non lontano dal vero, vivi meglio. Non prendi troppe cantonate, sei sempre pronto a cambiare idea e adattarti al mondo. Un mondo che forse ha le sue leggi, ma sono leggi che tu puoi solo provare a ipotizzare. Conoscerle una volta per tutte? Dimenticatelo.

Occorre invertire il processo: non cercare di trarre una legge da un censimento esaustivo del reale, ma immaginare una legge o una regolarità, creare le condizioni in cui si dovrebbe produrre un certo risultato, per poi stare a vedere se la previsione si avvera.

Ma come si fa? Sviluppare ipotesi, immaginare mondi, a partire da cosa? A partire da tutti quelli che abbiamo già conosciuto, anche al di là di quello reale, grazie all'esperienza di altre persone, gli autori, che hanno osservato e immaginato prima di noi.

Per questo i libri, che sono oggetti dell'immaginario, ci aiutano a vivere la realtà.

La verità non esiste: rilassati

Via, via dai libri di Popper!

Quelli il demone non me li può toccare: Karl Popper è colui che ha messo a posto tutto, è uno dei maestri che ti insegnano non solo *perché* è il caso di pensare con la tua testa, ma *come* provare a farlo. Non è il più facile dei filosofi, e d'altra parte anche farsi delle idee senza bersi verità preconfezionate è difficile. Proprio lui aveva il pallino del cigno nero: sbaglia la scienza che procede per osservazione dell'esistente, e avendo visto solo cigni bianchi postula che tutti i cigni siano bianchi. La scienza lavora bene se dice: finora lavoriamo sul principio che i cigni siano bianchi, perché non è stato ancora provato il contrario; ma non ci sono ragioni scientifiche per escludere che esistano cigni neri.

Questa è *in nuce* la teoria popperiana del falsificazionismo. In qualche modo l'ha tradotta in termini quotidiani lo storico leader della Cgil Luciano Lama, nel suo discorso di commiato al sindacato alla fine di febbraio del 1986: «Non rinunciate alle vostre idee, almeno fintanto che non ne riconoscete altre migliori. E in quel momento, ditelo».

Semplice, no? Per la verità, letto sui libri di testo, il falsificazionismo è parecchio complicato, perché comporta una serie di importanti conseguenze: per esempio, una teoria si può dire scientifica solo se contiene elementi in grado di falsificarla. Un po' come gli anticorpi: sei sano se contieni qualcosa in grado di riconoscere le malattie.

Sulla base di una teoria scientifica deve essere possibile fare delle previsioni. Se si avverano (a quanto possiamo saperne oggi) non è sbagliata; se non si avverano è una bufala. Nella scienza non crediamo a nessuno che non possa essere smentito: se vogliamo dargli ragione a prescindere, chiamiamolo profeta, e allora diventa una questione di fede, non di logica.

A me Popper stava simpatico a pelle. Me lo immaginavo come uno di quei tipi un po' sornioni che non ti dicono «No, non è così» ma fanno un sorrisetto e chiedono «Sei sicuro?». Le verità assolute hanno grande circolazione nel nostro mondo. Per esempio quelle del marketing, o quelle della politica. Qualche volta può far comodo immaginare di avere un piccolo Popper sulla spalla che ci sussurra: «Siamo sicuri?».

Queste sono le scarpe da ginnastica più performanti di ogni tempo. Siamo sicuri?

Gli immigrati rubano il lavoro agli italiani. Siamo sicuri?

Ma oltre alle sue teorie sulla scienza, a me Popper piaceva ancora di più per le sue teorie sulla storia, che mi pareva avessero molto a che fare con quello che io vivevo e pensavo. Perché Popper non amava quelli che dichiaravano: «Le cose devono andare necessariamente così». I profeti dell'idealismo o del materialismo. Quelli che, come per esempio Marx, sostenevano di poter predire cosa sarebbe successo. Non dimentichiamo che era nato nel 1902 e per di più in Austria: la sua esperienza formativa all'età in cui io stavo sui banchi del liceo era stata la Prima guerra mondiale. Come i personaggi di Roth, aveva visto dissolversi l'Impero austroungarico.

In modo molto meno tragico e vicino, era successo anche a noi tra il 1989 e il 1991. Il Muro di Berlino, la disintegrazione dell'Unione Sovietica: chi l'avrebbe detto, anche solo cinque anni prima? Nessuno.

Ecco una sottolineatura di *Il futuro è aperto*, un volume scritto da Popper con il grande etologo austriaco Konrad Lorenz: «Il futuro è molto aperto, e dipende da noi, da noi tutti. Dipende da ciò che voi e io e molti altri uomini fanno e faranno, oggi, domani e dopodomani. E quello che noi facciamo e faremo dipende a sua volta dal nostro pensiero e dai nostri desideri, dalle nostre speranze e dai nostri timori. Dipende da come vediamo il mondo e da come valutiamo le possibilità del futuro che sono aperte». Secondo Popper, la società aperta è quella in cui si vive meglio. Aperta alle differenze, alle idee nuove e impreviste, alle diverse letture del mondo: più idee abbiamo più problemi risolveremo, e più facile sarà relativizzare concezioni e visioni del mondo necessariamente imperfette. Unici da non tollerare: gli intolleranti. Ci fanno perdere tempo e ci mettono nei guai.

Mentre alcuni coetanei magnificavano (ancora) le «leggi scientifiche» di Marx, mentre alcuni subivano (addirittura) il fascino della vigliaccheria fascista, io mi trovavo più d'accordo con un uomo ragionevole come Max Weber, secondo cui per aderire a una credenza serve il «sacrificio dell'intelletto». Per questo mi ero bevuto *Miseria dello storicismo*. Lo avevo trovato pieno di pensieri illuminanti, lo avevo sottolineato come un ossesso.

La partita tra intellettuali e verità, per me, era già finita anni prima incontrando Montale, ma a quell'epoca mi sembrava di averla persa: «Non domandarci la formula che mondi possa aprirti / sì qualche storta sillaba e secca come un ramo. / Codesto solo oggi possiamo dirti, / ciò che non siamo, ciò che non vogliamo». Mi era parsa la rinuncia alla verità. Invece, capivo ora, era la rinuncia all'illusione della verità. Era una vittoria, bella e buona. Dopo anni dedicati alla lettura e allo studio di chi voleva ammannirci una rivelazione, era il momento dei cultori del dubbio. Della forza del dubbio. La cura che pensavamo di aver trovato con la politica era, in realtà, oltre la politica. Era nella scienza della politica e nell'esercizio permanente della falsificazione costruttiva.

Il mondo della politica si riconciliava con il mondo della letteratura. Lo studio del pensiero politico mostrava lo sfolgorante potere del dubbio, e i profeti crollavano davanti alla forza della debolezza.

Una volta assodato che il mondo non va dove dicono i profeti, è un attimo. Va *dove lo mandiamo noi*, ma attenzione: questo *noi* nessuno lo può pienamente controllare, e (soprattutto) non è facile indovinare la direzione.

Si può sbagliare.

La strada del futuro è lastricata di libri

Cosa direbbe Karl Popper alla mia compagna di classe che, scoperto Feuerbach, ebbe una crisi? Le direbbe, probabilmente, che appena ammetti di non sapere la verità diventa tutto più facile. Non credi a chi sostiene di saperla, ma soprattutto non devi farti carico di dirla, e questa è forse la vittoria più importante. Se sbagli, ti liberi di un errore.

Cosa direbbe Karl Popper all'uomo senza qualità di Musil? Rilassati. È vero, la vita è una vertiginosa sequenza di possibilità che si aprono, ma questo è il suo bello. Vai e goditela.

Carlo Azeglio Ciampi, il miglior politico che io abbia finora conosciuto, era concreto, empatico, saggio e preparato. Coraggioso e visionario. Una volta gli sentii dire: «I problemi non intervengono sulla vita. Sono la vita stessa. Tutta la vita è soluzione di problemi», ovvero è tutto un cercare soluzioni nuove a fenomeni nuovi che irrompono nel nostro modo di vivere o pensare.

Scienza e immaginazione. Il sogno di Musil, la luce che scioglie le ombre e la nebbia di Woody Allen.

Apro *Teoria unificata del metodo* di Dario Antiseri ed eccolo, sulla prima pagina, il mio riassuntino/schemetto lì appuntato a penna per l'esame.

Secondo Karl Popper ci sono tre mondi, non uno.
Il mondo 1 è il mondo delle entità fisiche.
Il mondo 2 è quello delle esperienze soggettive (le emozioni, i pensieri, i sentimenti).
Il mondo 3 è il mondo costituito dai prodotti del pensiero umano. Sono prodotti oggettivi, reali, tanto quanto un sasso o una pietra.
I tre mondi non sono separati, tutt'altro.

Schematico, però chiaro.

Esiste un patrimonio ideale a portata di tutti. Fatto di valori, sistemi religiosi o politici, teorie scientifiche, intuizioni artistiche. Ci sono poi i pensieri che girano nella nostra testa e ci sono anche gli oggetti fisici, sui quali magari rischiamo di inciampare.

Facciamo un esempio che ci riguarda: un libro. È un oggetto fisico, fatto di cartone, carta, inchiostro, colla (mondo 1). Per leggerlo ognuno di noi attiva il pensiero e spesso emozioni come commozione, divertimento, curiosità (mondo 2). Infine, è un'opera d'arte, un prodotto dell'ingegno, i cui contenuti circolano e vengono condivisi nell'immaginario collettivo (mondo 3). Tutto è connesso, tutto si tiene: i racconti, i miti di fondazione, le scoperte scientifiche, le ideologie, le teorie secondo cui strutturiamo le nostre società. Per risolvere i problemi bisogna quindi osservare tanto il mondo 1, attivare ovviamente il mondo 2, studiare tanto per conoscere quello che già c'è nel mondo 3, e usare tanta immaginazione per costruire nuovi contenuti, nuove idee, nuove teorie scientifiche.

Le parole e i pensieri, le storie, persino le leggende contenute nei libri non sono materia inerte, lettera morta. Nascono dal vivere, dal convivere, dall'esistere e dall'immaginare, e a queste stesse dimensioni restituiscono elementi nuovi.

Nei libri ci sono i desideri, le speranze e i timori di chi ci ha preceduto, e ci sono i nostri. E la molteplicità di pensiero contenuta nei libri è il migliore antidoto contro le false certezze, le manipolazioni, contro chiunque voglia farci credere che le cose possono andare solo in un certo modo, perché ha interesse a spingerci in una determinata direzione.

F., un mio collega autore televisivo, dice sempre: «Io

non ho convinzioni, valuto le conseguenze di quello che mi passa per la testa». Popper sarebbe stato fiero di lui: sempre disponibile a cambiare idea, se quella che gli passa per la testa è provata falsa.

Ora potremmo chiederci: con questa infatuazione per Popper, per il falsificazionismo, per l'andare a vedere, avrei potuto fare un altro mestiere che il giornalista? Certo che no!

Ma è qui che il Popper sulla mia spalla scuote la testa: «Siamo sicuri?».

Certo che sì, invece. Avrei potuto scegliere molti altri mestieri: perché nessuno ha una strada tracciata. E secondo me qualche altra strada aperta davanti ancora ce l'ho, basta aspettare la pensione: per esempio aprire una trattoria di cucina romana e iscrivermi al corso per allenatori di Coverciano.

Ma sta di fatto che sono diventato un giornalista.

5
Il tempo dei capolavori (sulla panchina)

La politica italiana ci regala spesso gustosi paradossi. Ho più volte visto in tv una ministra puntare il dito contro i giovani che «preferiscono stare sul divano invece di darsi da fare per trovare un lavoro, o per avviare un'impresa». Poi si è scoperto chc, come imprenditrice, aveva accumulato milioni di debiti, tanto da finire indagata per falso in bilancio e concorso in bancarotta. Verrebbe da dire: ma non era meglio se te ne stavi tu, sul divano?

La verità è che la maggior parte delle persone, se possono farlo con dignità e senza essere sfruttate, lavorano. Ma a volte ci ritroviamo sul divano.

Quando Livio Zanetti mi aveva preso come stagista al Giornale Radio non mi era sembrato vero, e avevo pensato: È fatta, sono giornalista. Cosa può succedere? Invece, le battute d'arresto sono la norma in qualsiasi vita professionale e verso la metà degli anni Novanta ho avuto lunghi periodi di disoccupazione. Vivevo in un piccolo monolocale a Roma in largo Ecuador, grazie al sussidio dell'Ordine, e all'appartamento si accedeva dalle scale di servizio di un antico palazzo signorile. Nello stesso stabile risiedeva anche quella che poi sarebbe diventata una delle più importanti giornaliste italiane, ospite di una bravissima collega con cui oggi lavoro a La7: ci salutavamo al portone, loro andavano per le scale dei signori, io salivo con la servitù.

Non avendo purtroppo niente da fare, avevo deciso di dedicarmi perlomeno ad arricchire la mia cultura e nutrire la mente. Nel capolavoro epistolare di Goethe, *I dolori del giovane Werther*, il protagonista, trovandosi senza nulla da fare, si dedica alla letteratura e alla riflessione nella casa di campagna dei suoi, che a soldi stanno bene; lì poi si innamora, e le cose cominciano a mettersi male (spoiler per chi non lo ha letto: è un romanzo molto bello ma non finisce per niente bene). Il mio monolocale, però, presentava qualche differenza dalla proprietà in campagna del giovane Werther, per esempio il fornelletto e il lavandino erano incastonati nell'armadio, scolavo la pasta tra le camicie e le cravatte. Restare chiuso in casa ad arricchire la mente sarebbe stato impossibile.

Così, mi misi in panchina. La mattina inviavo curriculum, telefonavo a chiunque mi potesse aiutare a trovare un contratto in una qualsiasi testata, poi scendevo ai giardinetti davanti casa.

E lì leggevo.

Leggevo alla rinfusa tutti i classici che non avevo letto in passato. Obiettivo: recuperare i libri importanti mancati nella mia vita orizzontale, di studente e poi di neolaureato alla caccia di un posto di lavoro. Scendevo in verticale, e ai giardinetti lessi Kundera, Mann, Schnitzler, tentai Proust e Joyce, scoprii Flaubert, recuperai Defoe, Melville, Conrad, Voltaire, conobbi Balzac e arrivai a toccare Elsa Morante, Alberto Moravia e Giuseppe Berto.

Trovai lavoro prima di riuscire a colmare le mie lacune.

Il tempo non perduto

All'epoca, non era facile reggere il confronto con gli amici che assieme a me si erano laureati alla Luiss. Già lavoravano, guadagnavano bene, e in quel decennio ancora generoso di opportunità che erano i Novanta io ero forse l'unico laureato con lode all'università della Confindustria che non era stato assunto da una banca, o da una qualsiasi azienda.

Il mio amico C., che stava dalla mia parte, una sera che uscivamo con un gruppo di suoi colleghi mi domandò complice: «Quando mi chiedono che lavoro fai, cosa devo dire? Sul serio dico che tenti di fare il giornalista?». Voleva salvarmi da una figura barbina.

Prima di inseguire i sogni che avevo fin da bambino avevo sostenuto molti colloqui di selezione. Per alcuni mi ero mostrato chiaramente inadeguato. Quando il cacciatore di teste Fininvest (non ricordo all'epoca quale ramo fosse, ma si occupavano di raccogliere e far fruttare il risparmio) mi chiese perché avrei voluto fare quel lavoro mi venne da ridere, e provai a scherzare sul fatto che si guadagnava bene e che un lavoro andava pur fatto. Chiaramente quell'uomo fece il lavoro suo, e mi allontanò all'istante. Dagli errori si impara, pian piano diventai più bravo a sostenere i colloqui (soprattutto a quei tempi, prendersi sul serio era un requisito fondamentale) e alla fine passai sia le selezioni per entrare alla Banca di Roma sia quelle per l'Unione Industriali. Ma non si imbroglia la natura, e dopo una notte di incubi (sognai di inviare corrispondenze da una zona di guerra) decisi di non presentarmi alla firma del contratto. I miei, a cui non sarò mai abbastanza grato, quando diedi titubante l'annuncio commentarono: «Bravo! Temevamo accettassi!».

Fatto sta che dopo qualche collaborazione vinsi il concorso per la Scuola di giornalismo che la Rai aveva organizzato a Perugia. Altri due anni di studio, poi stage in Rai e contratti da precario. Tra uno e l'altro, il nulla, a largo Ecuador. Il pomeriggio lo passavo ai giardinetti a leggere, la sera a guardare videocassette di film d'autore. Potenti retrospettive. Antonioni, Fellini, Moretti e Buñuel. Godard, Kubrick, Coppola e Woody Allen. Hitchcock e Truffaut, Bergman e Bertolucci. Visconti.

Ricordo sempre un terribile slogan nazista del 1945: «Godetevi la guerra, perché la pace sarà terribile». Nella Germania del 1945 aveva un senso preciso e atroce. Nella vita reale si capisce quanto sia vero il contrario: la pausa dalla guerra quotidiana può essere produttiva. Bisogna stare attenti a non magnificare la disoccupazione e a non sottovalutare le frustrazioni che provoca, ma mi dà anche molto fastidio sentir negare l'utilità del tempo in cui non si lavora. Il tempo vale per ciò che ne facciamo.

«Il tempo è l'unica cosa che nessuno vi potrà mai restituire» diceva la mia professoressa di greco, che il primo giorno era entrata in classe e non si era neanche presentata: aveva iniziato a scrivere alla lavagna. E avrei imparato più avanti l'importanza dei tempi televisivi: tagliare la sigla a quattro secondi, mettere fretta agli ospiti che la prendono larga, fare riunioni di quaranta minuti al massimo (ed è tanto) perché oltre, fatalmente, si chiacchiera. Sulla panchina ancora non lo sapevo, quanto sarei diventato esperto a elaborare strategie per risparmiare e gestire il tempo.

In quei mesi, in cui avrei voluto lavorare, mi rendevo conto fino a un certo punto che lo Stato, con il sussidio, ti regala il tempo.

Non dovremmo preoccuparci se una persona, durante il periodo in cui percepisce il reddito, non lavora; dovremmo preoccuparci del fatto che possa sprecare il suo tempo. Tu che ricevi sotto forma di sussidio quello che nessuno potrà mai restituire: che uso intendi farne?

Io, sulla panchina, credo di essere migliorato. E credo che si possa migliorare anche sul divano.

La pace è bellissima, e dà tante opportunità. Anche la pace con se stessi e con i propri tempi.

Il libro non letto

Il tempo non è l'orologio. Non sono i minuti che si susseguono, che siano pochi o tanti. Non è il tempo che scandisce le azioni. È una categoria soggettiva, che può anche ristagnare, che dura nella coscienza, e può produrre noia, frustrazione, conoscenza, memoria. Non sono nostre le scelte sul tempo che ci tocca vivere, ma è nostra la scelta di cosa vogliamo dal tempo.

Il più celebre romanzo sul tempo e sulla memoria, *Alla ricerca del tempo perduto*, è un classico che non sono riuscito a leggere: neanche nei mesi del sussidio, neanche sulla panchina di largo Ecuador. È un romanzo in cui sai che troverai tutto, e infatti trovi tutto. Ma non ce l'ho fatta ad andare oltre il primo volume.

Cerco di consolarmi: una lettura deve essere completa per avere un senso nella tua vita? Assolutamente no. Anche solo qualche pagina può bastare. Però: sei sicuro di aver capito quello che lo scrittore voleva dire se non leggi tutto? No, di certo. E se lo leggi tutto? Forse nemmeno, perché la tua interpretazione, lo spirito e la sensibilità del momento in cui leggi possono dirottare il senso di un intero romanzo, o di sette. Perlomeno del senso immaginato dall'autore.

Mentre accampo scuse per non aver letto la *Recherche* il demone dei libri, appollaiato su *La strada di Swann*, mi guarda quasi con tenerezza, come a dire: «Ma sul serio pensavi di potercela fare?». Sette volumi, 2088 pagine nell'edizione Oscar Mondadori. Il tempo l'avevo, la concentrazione no, e oggi forse servirebbe tutta la concentrazione che ho per affrontare l'impresa: non so se dedicarla a Proust sarebbe un bene per la trasmissione che conduco. Mi riprometto di riprenderlo in un momento della mia vita più consono all'introspezione, ma arriverà? A dire la verità, mi fa un po' paura. Dedicarsi al tempo perduto, ricercare la durata interiore abbandonando la vita reale. Rivolgersi all'indietro dove ti può portare? Forse un giorno sarò più maturo, più pronto, e me lo potrò permettere. O forse sono più maturo ora, che resto a Nietzsche: io l'abisso non lo guardo.

Sono in molti, come me, a essersi fermati al primo libro: *La strada di Swann*, nella traduzione di Natalia Ginzburg. Qualcuno, per sdrammatizzare il fallimento, butta lì il famoso riassunto di Gérard Genette, teorico della letteratura e narratologo: «Marcel diventa scrittore», perché di fatto la *Recherche* è un lunghissimo viaggio personale verso il momento finale che è la decisione di iniziare a scrivere il libro.

La storia che costruisce Proust, oltre che lunga, è ricchissima: di eventi, personaggi, riflessioni, di miserie e nobiltà. E con l'uno o l'altro dei suoi contenuti, anche se non l'abbiamo letta ma solo orecchiata, la *Recherche* fa parte di noi, del nostro bagaglio culturale, se non altro perché Proust si trova citato nei luoghi più vari. Per esempio *La grande bellezza* di Sorrentino, che finisce quando Jep si decide a scrivere, e *C'era una volta in America*, in cui Noodles De Niro si presenta con la stessa frase con cui inizia la *Recherche* («Sono andato a letto presto»).

Prendiamo per comodità una delle due scene che tutti ricordano e citano, anche per far vedere di aver letto la *Recherche*, e che sono in realtà contenute nelle prime cinquanta pagine: la madeleine (l'altra è il bacio della madre). La scena della madeleine è celebre: il protagonista ormai adulto, a Parigi, addenta questo dolcetto inzuppato nel tè e vive un momento di pura felicità.

«Appena la sorsata mescolata alle briciole del pasticcino toccò il mio palato, trasalii, attento al fenomeno straordinario che si svolgeva in me. Un delizioso piacere m'aveva invaso, isolato, senza nozione di causa. E subito, m'aveva reso indifferenti le vicissitudini, inoffensivi i rovesci, illusoria la brevità della vita. [...] Non mi sentivo più mediocre, contingente, mortale. Da dove m'era potuta venire quella gioia violenta?» La risposta è in una scena quotidiana quanto remota: «Il gusto era quello del pezzetto di madeleine che a Combray, la domenica mattina, quando andavo a darle il buongiorno in camera sua, zia Leonia mi offriva dopo averlo inzuppato nel suo infuso di tè o di tiglio».

Ed è questo l'inizio della ricerca: la memoria involontariamente (Proust tiene molto a questa distinzione fra memoria volontaria e involontaria) si attiva e parte libera per pagine e pagine. È un escamotage «rivoluzionario», mai prima di allora un romanziere aveva semplicemente «ricordato» la sua vita (o quella di un personaggio), mai si era concentrato sulla narrazione di un qualcosa di così personale e intimo.

È anche, credo, il motivo per cui questa scena è diventata tanto famosa (e non solo perché pochi sono andati oltre): una madeleine ce l'abbiamo tutti. Forse più di una, generate dai tempi diversi della vita, dalle felicità e dalle infelicità. Quali sono le vostre? Se penso a quel tempo, al tempo dei classici, la mia madeleine è l'odore dell'erba tagliata intorno alla panchina, su cui me ne stavo come su un'isola deserta. A cercare di dare un senso al mio tempo.

O forse mi sbaglio, e la mia madeleine è sempre stata e sempre sarà l'odore della pioggia sulla pozzolana dei campi di periferia.

In ognuno dei due casi, è il profumo di un confine.

La trilogia del confine

Ci sono tre libri uno accanto all'altro nella mia libreria. Stanno vicini sin dai tempi della disoccupazione. Il demone li sta puntando, ma per raggiungerli dovrebbe saltare da un lato all'altro della stanza, e finora non lo ha mai fatto. Percorrerà ben due lati della biblioteca prima di arrivarci, quindi dovrei riuscire a salvarli.

Corro.

Sono tre testi che non sono di per sé collegati, ma che per me costituiscono «la trilogia del confine». *Trilogia* per il semplice fatto che li ho letti uno dietro l'altro, sulla panchina del giardinetto di largo Ecuador. La scelta fu casuale, ma a volte le giustapposizioni producono senso, anche quando non vogliamo.

Sono *Madame Bovary*, *Lord Jim* e *Moby Dick*. Flaubert, Conrad e Melville.

Tre trame, tre confini. Flaubert quello tra desiderio e realtà. Conrad quello tra colpa e responsabilità. Melville quello tra ambizione e ossessione.

Non mi aspettavo, quando li ho aperti, di trovarmi su uno di questi *continuum* e, a pensarci, questo è proprio il tratto dei classici: tu pensi di leggere una cosa – una storia d'amore, o di avventura, o di una famiglia – e invece leggi qualcos'altro. Qualcosa che riguarda non quell'autore o quei personaggi o quel tempo, ma te, i tuoi sentimenti, le persone che conosci e che conoscerai. Il tuo, di tempo.

È così che questi autori mi hanno raggiunto sulla mia panchina e mi hanno spiegato cose che mi avrebbero aiutato tantissimo nella mia vita, non solo professionale. A ben vedere, il demone può pure mangiarsi la trilogia del confine, tanto l'essenziale l'ho già salvato.

Desiderio e realtà

Credevo che *Madame Bovary* fosse un romanzo su un amore infelice e per questo mi ero avvicinato con cautela, pensando: È un classico, mi tocca, però è un romanzo da donne. Se ne pensano di sciocchezze, ma a mia difesa va detto che non avevo ancora conosciuto la mia amica L. né ascoltato la sua lucida analisi dell'espressione «romanzo femminile». «Se si intende scritto da una donna e rivoluzionario per le donne, vi lascio alla lettura di *Una stanza tutta per sé*, di Virginia Woolf; se si intende diretto alle lettrici, allora tutti i romanzi sono femminili, perché ormai leggono solo le donne» argomenta. Questo è oggettivo: le lettrici in Italia sono più dei lettori con un distacco che varia negli anni ma che è arrivato anche ai dieci punti percentuali. Di sicuro, lo dice se non altro la statistica, non leggono solo storie d'amore, e soprattutto molte storie che consideriamo d'amore sono storie su tutt'altro. Quando mi sono deciso ad affrontare *Via col vento* ho scoperto un romanzo sull'avventura e sulla resilienza, sulla capacità di adattarsi e sul coraggio di combattere, non certo il polpettone d'amore che temevo di dovermi sobbarcare. In fondo molto dipende dallo sguardo di chi legge e dal saper lasciare andare i preconcetti.

Sulla mia panchina non avevo raggiunto ancora questo grado di illuminazione, e ho aperto *Madame Bovary* con la diffidenza che mi prende quando vedo prospettarsi qualunque forma di melensaggine. Ho incontrato, invece, un'acuminata, aspra, tragica ma anche divertente analisi sociale e del carattere umano. Flaubert, lo abbiamo visto, era figlio di un medico, e con la stessa precisione con cui il padre svolgeva un'autopsia lui fa a pezzetti la borghesia di paese, la analizza al microscopio.

Vi sembra poco come insegnamento? Pensate come sarebbe saper guardare il mondo con gli occhi di Flaubert. Saper individuare il ridicolo in persone che ci sembrano magari terribili, per non averne più paura. Saper analizzare i nostri sentimenti e gestirli, invece che lasciarcene trasportare. Magari il vicino di banco bullo, o il vicino di casa odioso, hanno un dettaglio ridicolo come il berretto di Charles Bovary: «Si trattava di uno di quei copricapi non ben definibili, nei quali è possibile trovare gli elementi del cappuccio di pelo, del colbacco, del cappello rotondo, del berretto di lontra e del berretto da notte, una di quelle povere cose, insomma, la cui bruttezza silenziosa ha la stessa profondità d'espressione del viso d'un idiota. Di forma ovoidale e tenuto teso dalle stecche di balena, cominciava con tre salsicciotti rotondi, poi, separate da una striscia rossa, si alternavano losanghe di velluto e di pelo di coniglio; veniva in seguito una specie di sacco che terminava con un poligono sostenuto da cartone ed era coperto da un complicato ricamo di passamaneria, dal quale pendeva, al termine di un lungo e troppo sottile cordone, un ciuffetto di fili d'oro a guisa di nappina. Il berretto era nuovo di zecca e la visiera splendeva».

Capire le persone da piccoli particolari, da segnali che mandano il corpo o il vestiario, ci sembra semplice. Riuscire da questi dettagli a dedurre un carattere, a immaginare un comportamento, a sdrammatizzare una relazione, è un superpotere in più per chi ha letto Flaubert. Così come lo è difendersi dalla superficialità, dai luoghi comuni e dal carattere distruttivo delle illusioni: un'abilità che la protagonista del romanzo, Madame Bovary, non ha.

La storia comincia così: Charles Bovary, un medico di buon cuore ma un po' ottuso, poco ambizioso e non particolarmente brillante, sposa Emma, una bella contadina che ha studiato in convento.

Lei crede che il matrimonio sarà la svolta della sua vita e si immagina l'ingresso nel bel mondo. Lui invece si trasferisce in un paese di provincia e i sogni di gloria, divertimento e mondanità di Emma si arenano in una routine da casalinga disperata, che non migliora per niente quando ai due nasce una figlia, Berthe. Che fa allora Emma? Si innamora, come ci innamoriamo qualche volta non di una persona, ma perché nell'amore si incarna il nostro desiderio di cambiamento, di qualcosa di nuovo, di qualcosa di bello. Spesso, in questi casi, scegliamo malissimo ed Emma non fa eccezione perché dopo qualche divagazione sceglie Rodolphe, un affascinante proprietario terriero locale, lo sciupafemmine del circondario. Come andrà a finire? Non bene, lo abbiamo visto qualche pagina fa, ma la cosa più importante non è il finale, è il viaggio nell'animo umano che sta nel mezzo.

Flaubert dichiarò (per di più durante il celebre processo per oltraggio al pudore e alla morale che dovette subire a causa di questo romanzo): «*Madame Bovary c'est moi!*», e io ho sempre pensato che se studi a fondo le persone, se riduci a un minimo comun denominatore caratteri e comportamenti, emergono aspetti e caratteristiche semplici, talmente semplici che alla fine ci rendono tutti molto uguali. La povera Emma è delusa dalla sua vita, dai giorni nella cittadina di provincia, e con la mente si trasferisce nel luogo del suo desiderio, Parigi, di cui legge su romanzi e giornali. Cerca l'eccezionalità nel grigiore della sua normalità. Diventano occasioni da non perdere i balli organizzati nel paese, e diventa una persona importante un meschino playboy di provincia.

Non siamo tutti noi Emma Bovary? O perlomeno, non rischiamo di esserlo? Quando spasimiamo per essere invitati a una cena, quando aspiriamo alla citazione in un sito di gossip, quando pubblichiamo una foto su Instagram o postiamo un commento su Twitter sperando di suscitare invidia, o una reazione qualsiasi.

Tutti noi siamo così, ma c'è chi se ne rende conto e chi no. E chi ha letto *Madame Bovary* può rendersene conto.

Emma, come tutti noi, desidera. Qualcosa di meglio, qualcosa che la possa far sentire realizzata e felice. Ma, al contrario di molti di noi, non riesce a bilanciare quel desiderio con le circostanze effettive in cui desidera, con le sue opportunità e le sue prospettive vere. Molla i freni (anche inibitori). Attraversa quel confine fatale, tra la realtà e il desiderio.

Ma la realtà, anche se cerchi di sfuggirle, prima o poi ti raggiunge.

Colpa e responsabilità

L'essenziale del *Lord Jim* di Conrad è sottile quanto può essere «lo spessore di un foglio di carta». Lo spessore di un foglio di carta – o in alcune traduzioni, di un capello – è d'altronde il confine che, secondo il protagonista del racconto, passa in questa vicenda tra il giusto e lo sbagliato. Quanto costa sbagliare? Cosa vuol dire prendersi una responsabilità?

Quando nacque *Ballarò*, la redazione fu formata dal nulla. Come in tutti i posti di lavoro c'erano professionisti in gamba e colleghi che non avevano voglia di far nulla. Per me era la prima esperienza alla guida di un gruppo, puntai quello che mi sembrava il più sfaccendato di tutti e andai dal mio direttore a chiedere che fosse sostituito.

«La squadra è quella, devi farla camminare» rispose.

Io replicai piccato: «Non posso far camminare chi non ha le gambe».

E lui, con un sorriso acuminato: «Quelli li fai strisciare».

Duro ma giusto, no? Con quella dose di cinismo produttivo tipico della cultura Rai, una cultura aziendale che tanto potrebbe dare al Paese.

Se si è responsabili di qualcosa, non ci sono scuse: il peso dell'impresa ricade su di te. E mentre mi confrontavo con le asperità di quel comando mi tornava in mente Jim, ufficiale in seconda.

Quando avevo aperto *Lord Jim* mi aspettavo un romanzo cupo – di Conrad avevo letto *Cuore di tenebra* –, ma in qualche modo esotico. Invece, mi ero trovato a camminare sul confine, sottile come una lama, tra responsabilità e colpa. Per dirla in breve: Jim, quando deve fare scelte che coinvolgono la vita degli altri, sbaglia sempre tutto.

Ambientato al culmine della gloria dell'Impero britannico, *Lord Jim* è la storia di un giovane ufficiale che commette un errore e se ne pente per il resto della sua vita. Il romanzo fu pubblicato a puntate tra il 1899 e il 1900, anno questo (notai subito per una lettura coincidente) della morte di Nietzsche; Conrad, di origini polacche, probabilmente conosceva la teoria del Superuomo del filosofo, e qui se ne allontana nettamente.

All'inizio della sua carriera Jim sogna una vita di avventura eroica, e il suo rapido successo in mare sembra assicurare la realizzazione di tutti i suoi sogni ingenui. Fino a quando un giorno la nave, il *Patna*, impatta contro qualcosa e inizia ad affondare. Jim vuole fare il suo dovere e mettere il maggior numero possibile di passeggeri sulle scialuppe di salvataggio. Tuttavia, il capitano e gli altri membri dell'equipaggio scelgono di salvarsi, lasciando i passeggeri al loro destino. Jim in un primo tempo, coerente con la sua autorappresentazione eroica, pensa di rimanere sulla nave, ma vede una burrasca all'orizzonte. Allora, in una frazione di secondo, decide di abbandonare la nave, si cala nella scialuppa di salvataggio. Jim e l'equipaggio guardano inerti il *Patna* ondeggiare fra onde feroci. Jim immagina quasi di sentire le urla dei passeggeri, pellegrini musulmani in viaggio verso la Mecca e invece diretti a morte certa.

I fuggitivi hanno concordato un alibi per la loro diserzione, ma la loro copertura salta quando il *Patna* viene ritrovato, ancora a galla, da un'altra nave e rimorchiato in porto. L'equipaggio fugge, mentre Jim perlomeno ha il coraggio di affrontare il tribunale da solo, e pronuncia la celebre frase: «In questa storia, tra la ragione e il torto, non c'era neanche lo spessore di un foglio di carta».

Come lo giudichereste voi, il giovane ufficiale? Innocente o colpevole? E la vita di Jim come sarà condizionata da questo processo, e da questo giudizio?

Io, sulla panchina, mi dicevo che prima o poi mi sarebbe capitato di decidere tra il giusto e lo sbagliato pensando agli altri. Mi chiedevo se nella mia professione avrei avuto il timone di qualcosa, in fondo nel giornalismo non sempre succede, anzi spesso non succede. Magari sarei stato un cane sciolto, uno di quegli inviati alla Hemingway. O magari mi sarei confrontato con un lavoro vuoto, come *Bartleby lo scrivano*. Non mi vedevo né nell'uno né nell'altro ruolo. Forse invece sì, mi sarebbe potuto capitare di guidare una redazione. E quella responsabilità avrei voluto saperla gestire decisamente meglio di Jim.

Ed ecco che decenni dopo, ben prima che si accendano le luci e le telecamere, mi studio e mi ristudio tutta la puntata, ogni settimana. Non varo mai una scaletta se non l'ho discussa un milione di volte, non confermo mai un panel di ospiti se con gli autori della trasmissione non abbiamo immaginato ogni possibile dinamica dello studio. Non definisco mai un percorso senza aver studiato al millesimo i tempi dei break pubblicitari. Anche dell'intuizione più imprevedibile, più geniale, cerco di prevedere le più distanti conseguenze. Ho una concezione artigianal/maniacale della mia professione.

Non so da dove nasca la paura, che precede sempre ogni mia decisione, di commettere un errore, forse anche Jim ci ha messo del suo. So che quando questa paura non c'è, aumenta il rischio di errore. È una legge, misteriosa e inevitabile, che ho imparato a conoscere: se non hai il terrore di prendere una decisione sbagliata, la prendi.

Ambizione e ossessione

Il mio terzo romanzo del confine, *Moby Dick*, è una filosofia dell'ostinazione, del sacrificio personale. Parla di cosa vale la pena fare e sacrificare per soddisfare un'ambizione e di cosa finiamo col perdere per inseguire un'ossessione. Parla del confine, sottilissimo, tra queste due disposizioni mentali. E parla della paura, di come dominarla, gestirla, farne persino un'arma da usare a nostro favore.

L'inizio è tra i più celebri: «Chiamatemi Ismaele». Ismaele, o il sedicente tale, inizia a raccontare in prima persona la storia di cui è stato testimone. Il narratore, come la sua controparte biblica, è un emarginato. Privo di fortune e di mezzi, ancor giovane si imbarca sulla baleniera, il *Pequod*, ignaro dello strano destino che gli capiterà. Il capitano della nave è Achab, un marinaio di lungo corso che dopo aver perso la gamba per colpa di una balena (un capodoglio) che gliel'ha mangiata, ha ingaggiato con quest'ultima una battaglia personale. Ismaele fa amicizia con Queequeg, originario «dei mari del Sud», che sembra comprendere più degli altri il destino che li attende e dorme dentro una bara, costruitagli dal carpentiere di bordo quando sembrava in punto di morte. Achab intende cacciare e uccidere Moby Dick, la balena bianca, costi quel che costi. E il costo potrebbe essere la vita di tutto l'equipaggio.

La storia è piena di eventi inquietanti, è turbinosa, è profonda come l'oceano. Ed è dominata dal colore bianco. È questo il colore della paura. Non il rosso, non il nero. Il bianco.

Sono già diverse settimane che il *Pequod* ha lasciato Nantucket, la tragedia si sta per consumare, quando Ismaele cerca di definire per la prima volta che cosa rappresenti ai suoi occhi la balena albina cui sta dando la caccia: «La monomaniaca incarnazione di tutte quelle forze malvagie da cui certi uomini profondi si sentono rodere nell'intimo». Ma il vero sgomento e l'inquietudine secondo Ismaele nascono dalla sua bianchezza, «che incute più panico all'anima di quel rosso che atterrisce nel sangue». L'inquietudine del bianco è frutto di un enigmatico controsenso: nonostante al candore siano associate di solito le idee della regalità, dell'innocenza e della gioia, esso, sotto sotto, induce la sensazione di qualcosa di spettrale. Perché, continua Ismaele, il marinaio che attraversi un mare «lattiginoso» viene rapito da una paura cieca e acuta che si placa solo quando lo sfondo dell'oceano ritorna al suo tranquillizzante colore naturale? La risposta non può che essere una sola: la causa di tanta trepidazione è proprio la bianchezza, che Melville chiama «ateismo di tutti i colori» in cui si confonde fascino e orrore. La prospettiva tradizionale è completamente capovolta: bianco è l'incarnato dei morti, il gelo invernale, il nulla, il perturbante.

È stata una rivelazione, questo ribaltamento, quando l'ho letto. Ancora di più quando ho scoperto l'immensa figura bianca che chiude anche il *Gordon Pym* di Edgar Allan Poe: non è così, d'altronde? Quello che bisogna temere non si presenta quasi mai con i colori della morte. In genere non si fa riconoscere, *non lo vedi arrivare*, come diceva il diavolo Al Pacino del giovane avvocato Keanu Reeves (o come scrive Lisa Levenstein nel suo celebre saggio femminista, pensando a tutt'altro).

Non è quasi mai razionale la paura che proviamo verso le cose, come non lo è l'avversione per il bianco: i mostri sono nella nostra mente. Così *Moby Dick* ci pone una domanda che, anche in questo caso, deborda dal libro e nelle nostre vite: è davvero possibile sconfiggere i nostri mostri? Ecco l'ossessione, che rischia di trascinarci a fondo. Ma è la paura a poterci salvare.

Abbiate paura

Va detto a questo punto che vado pazzo per gli horror: il demone del mio sogno, infatti, nelle movenze ricorda il pupazzetto voodoo di *Trilogia del terrore*, mentre l'atteggiamento potrebbe essere quello del mostro di *Lights Out*.

Dai classici (*Nosferatu*, *Shining*, *Rosemary's Baby*, *The Ring*...) ai film dirompenti (*The Blair Witch Project*, *Hostel*, *Halloween*, *La casa*...), dai film visionari (*Us*, *Hereditary*, *Midsommar*...) fino agli splendidi B movie (*Blob*, *Ghosts of Mars*, *Cube*, *The Fog*...): amo gli horror perché la paura allena alla vita, e valutare nello spettro del possibile anche l'inimmaginabile è un buon modo per abituarsi a reagire all'imprevisto. Come mi sussurrò la maschera che mi guidava con la lampadina verso il posto da cui mi sarei goduto *L'esorcista*: «'Sto film ti spaventa solo perché le cose non te le aspetti. Preparati... se t'aspetti tutto... nun te po' fa' paura gnente».

Da un punto di vista pragmatico, quindi, il senso della vita sarebbe ridurre sempre più l'area di ciò che non conosciamo, attraverso lo studio, i viaggi, le esperienze e le conoscenze. Proprio al fine di non avere più paura: così come in *Dracula* di Bram Stoker il vampiro (il terrore) è combattuto dal medico Van Helsing (la scienza), e la minaccia arriva dalla superstiziosa Transilvania fino alle razionali metropoli occidentali. Mentre in un altro classico del gotico, *Frankenstein* di Mary Shelley, è la scienza a creare il mostro, ma solo perché è andata troppo oltre i confini delle sue reali capacità, una tecnologia che ha varcato il pericoloso confine della magia.

Eppure, per quanto sia tentato dal sogno illuminista di un universo interamente spiegato, senza più timori irrazionali, l'idea di un mondo senza paure non mi attrae. Credo che se l'incognito non ci interessa, abbiamo un problema. Non amo i gialli quanto gli horror, ma mi piacciono quelli realmente capaci di generare inquietudine: primi fra tutti quelli dell'indiscussa maestra del genere, Agatha Christie. Ho una preferenza per le sue storie più dark, come *Dieci piccoli indiani*, non a caso uno dei più comprati, citati e anche trasposti (l'adattamento teatrale debuttò in un teatro del magico West End londinese nel settembre del 1943 e fu tolto dal cartellone nel febbraio 1944... e solo perché bombardarono il teatro). L'isola misteriosa, separata dal mondo, su cui può succedere di tutto e gli ospiti cominciano a morire, uno dopo l'altro, senza che ci sia alcuna via di fuga... una costruzione narrativa perfetta e un'atmosfera incredibile. Così apparentemente innocui nelle edizioni Oscar Mondadori con il logo in giallo, i romanzi di Agatha Christie riuscirono da subito a stimolarmi la mente, con il loro armamentario di trucchi usati benissimo: i passi sulle scale, le armi letali nascoste nelle insospettabili dispense di provincia, gli odi familiari che si incendiano, gli spazi dietro le porte chiuse, le figure misteriose che corrono attraverso il parco della villa di notte. Un catalogo di inquietudini strettamente legate alla vita quotidiana e ai suoi ambienti, e proprio per questo potenti, ma anche affrontabili.

Se siamo bravi a gestire le nostre paure, queste possono diventare grandi alleate. Edgar Allan Poe, un altro dei miei autori di culto, credo per la verità di averlo scoperto in televisione, prima che sulla carta. Forse dalle sue opere erano stati tratti dei film o telefilm, che però ricordo nebulosamente. Di certo, ben presto arrivai ai libri e a una collezione straordinaria di immagini e colpi di scena impossibili da dimenticare: il gatto che miagola murato vivo insieme al cadavere; il bianco sudario del *Gordon Pym*; il pendolo della morte, il cuore del cadavere smembrato che batte sotto le tavole del pavimento. Pochi autori sono più maledetti di Poe: droghe, alcol, alienazione mentale, una fine miserevole, in ospedale, dopo essere stato raccattato per strada da uno sconosciuto, in preda al delirio, mentre indossava i vestiti di chissà chi, chissà perché. Poe è vissuto e morto come uno dei suoi racconti, probabilmente perché è vissuto sempre *dentro* ai suoi racconti. Storie in cui la realtà e l'allucinazione, la lucidità e la follia, si mescolano e si sovrappongono. I suoi temi e le sue ossessioni sono leggendari – prima fra tutte quella per l'essere sepolti vivi – ma quello che io ho sempre amato è il suo gusto per i dettagli, perché è nel minimo dettaglio inquietante che si nasconde la vera paura. Lo scricchiolio nella notte, il sussurro inteso appena: quel particolare che stona, e che prelude al rovesciamento del mondo.

Ma se le paure possono impedirti ogni movimento, possono anche al contrario indurti a muoverti e non solo per fuggire, ma per trovare alleati, creare legami anche inattesi.

Sintonie da paura

Sapete chi era uno degli autori preferiti di Poe, scrittore romantico e dark? Alessandro Manzoni. Proprio lui, l'uomo della Provvidenza, con i suoi *Promessi sposi.* Il romanzo di Manzoni fu pubblicato in America nel 1834 quando Edgar Allan Poe, venticinquenne, non ancora famoso, era un giornalista che si era cimentato solo in un dramma gotico incompiuto, *Poliziano*, e in qualche racconto. Ebbene, Edgar Allan Poe recensisce con entusiasmo i *Promessi sposi:* cosa vede quella meravigliosa macchina da incubi nel romanzo che al liceo ci ha annoiati in tanti? Risvolti gotici, potremmo immaginare. Provando a leggere della peste a Milano con gli occhi di uno scrittore come Poe, le misurate frasi manzoniane assumono un altro aspetto: «Un tale, il tal giorno, aveva visto arrivar sulla piazza del duomo un tiro a sei, e dentro, con altri, un gran personaggio, con una faccia fosca e infocata, con gli occhi accesi, coi capelli ritti, e il labbro atteggiato di minaccia. Mentre quel tale stava intento a guardare, la carrozza s'era fermata; e il cocchiere l'aveva invitato a salirvi; e lui non aveva saputo dir di no. Dopo diversi rigiri, erano smontati alla porta d'un tal palazzo, dove entrato anche lui, con la compagnia, aveva trovato amenità e orrori, deserti e giardini, caverne e sale; e in esse, fantasime sedute a consiglio. Finalmente, gli erano state fatte vedere gran casse di danaro, e detto che ne prendesse quanto gli fosse piaciuto, con questo però, che accettasse un vasetto d'unguento, e andasse con esso ungendo per la città. Ma non avendo voluto acconsentire, s'era trovato, in un batter d'occhio, nel medesimo luogo dove era stato preso».

Sono le pagine sul sinistro mito degli untori, pagati per aggirarsi a spargere pestilenze; purtroppo ne abbiamo avuto una rivisitazione moderna con la recente pandemia. I complotti sono popolari in ogni tempo, e più ne sono misteriose le motivazioni, più sono affascinanti (a tal proposito: *Incanto del lotto 49* di Thomas Pynchon, chiave di volta per qualsiasi riflessione sui complottismi; ma ancora di più, l'incredibile *Il cromosoma Calcutta*, di Amitav Ghosh. Mi fa venire i brividi solo a pensarci). Ciò che non conosciamo, infatti, ci attrae o ci fa paura e spesso si unisce in una conturbante – e letale per la convivenza sociale – combinazione di entrambe le cose.

Molto meno stupefacente del collegamento con Manzoni è infatti l'amore, per Poe, di un autore che degli incubi aveva fatto una bandiera e della convivenza sociale se ne infischiava: il mio così amato negli anni del liceo Charles Baudelaire. È a lui che si deve il grande successo che, soprattutto dopo la morte, l'autore americano ebbe in Europa.

Il poeta francese lesse sul giornale «Démocratie pacifique» la traduzione di *The Black Cat* fatta da Isabelle Meunier, scrittrice di origini britanniche. Ne rimase folgorato, cominciò a studiare tutta l'opera di questo collega d'oltreoceano, e con non poche difficoltà nel 1848 riuscì a pubblicare una sua traduzione di *Mesmeric Revelations* sulla rivista «Liberté de penser». Quando nel 1849 Poe morì, Baudelaire si dedicò ai suoi testi, affermandosi come suo principale traduttore in Francia e in Europa. Tanto da restarci quasi sotto, alla fama postuma del «collega», da lui stesso creata: qualche suo contemporaneo malignò addirittura che l'albatro, protagonista della poesia forse più famosa dei *Fiori del male*, non fosse altro che un plagio ornitologico del celebre *Raven* (il corvo) di Poe. Si trattava di polemiche senza senso, è naturale. Il corvo di Poe è un essere spettrale, personificazione del fato e della morte, il suo «*Nevermore*» è una condanna proprio per il poeta che guarda in faccia il terrore del lutto e della perdita della persona amata. L'albatro di Baudelaire è il poeta stesso: l'uccello vessato e torturato dai marinai perché inadatto a un luogo dove non può volare e dove appare sgraziato, è come il poeta emarginato da una società che non lo capisce. C'è un altro albatro, però, che è stato invece di sicuro un riferimento di Baudelaire: quello della *Ballata del vecchio marinaio* di Samuel Coleridge, pubblicata più di vent'anni prima che Baudelaire nascesse, dove proprio un albatro, ucciso con la balestra dal marinaio, dà il via allo spaventoso viaggio della nave. Interessante notare che Coleridge e la sua ballata ebbero una cruciale influenza anche nello spirito di Poe e un viaggio di dannati è in fondo l'anima del *Gordon Pym*. Ma se affronterete la funesta ballata e vorrete accostarla a Poe, vi do un altro indizio: cercate «*the glittering eye*» nel racconto *Il cuore rivelatore*.

Ancora? La *Ballata* ricorda *Lord Jim*. Ma questo probabilmente è il mio pensiero alla deriva.

Una storia di circoli letterari? No, piuttosto un meraviglioso esempio della capacità che hanno i classici di parlarsi e di parlarci a distanze anche vastissime di spazio e di tempo. Perché alzi la mano chi non si è mai sentito come l'albatro di Baudelaire: a disagio nel mondo in cui gli tocca di abitare. Chi non ha mai sentito alle proprie spalle l'inquietante gracchiare del corvo di Poe: «Mai più!». Chi non ha mai sentito il bisogno di raccontare, e poi raccontare, e poi raccontare di nuovo la propria colpa.

Alla fine, anche le nostre paure ci definiscono, proprio come i nostri amori, o i nostri successi. La paura, e la decisione di superarla, può essere un'avventura.

6
Pagine americane

Il mio amico R. non ama i bambini. In realtà non ne apprezza l'ingenuità, e considera «sorda» la mente infantile. R. pensa, insomma, che i bambini non possano cogliere la complessità, il sapere, le sfumature.

Può sembrare così, se non li frequenti molto. Ma col tempo capisci che non sono sordi i bambini, sono superficiali quelli che si rivolgono a loro come se non capissero. Non ho mai apprezzato chi parlava con i miei figli storpiando le parole, o salendo in falsetto. Ho sempre contestato i nomignoli che venivano loro affibbiati, come se un nome «da grande» stesse male a un piccino e bisognasse trovarne uno più adatto («Poldino? A me devo dire che Poldino non mi piace... non mi sconfinfera... è più adatto a un cane!»).

Il dibattito sull'esistenza o meno di «libri per ragazzi» è ampio e accanito e non mi ci inoltrerò. A che età «si è pronti» per *Gita al faro*, o per *Tre uomini in barca*? E per *Il piccolo principe*? E per *Gente di Dublino*?

E per la Bibbia? Tra l'altro quest'ultima, in tante comunità e alla pari di altri testi religiosi, spesso viene letta subito ai più piccoli.

La verità è che, sebbene si possano individuare dei criteri, alla fine la questione è tra te e il libro. Non conta nessun altro. Forse esistono romanzi più giusti, o più sbagliati, per una determinata età, ma di sicuro esistono romanzi che hanno codici e linguaggi adatti a chi li legge.

La fortuna è incontrarli. Io li ho incontrati senza cercarli, forse perché non ho avuto un percorso granché originale.

Da ragazzino giocavo sempre a pallone, ovunque. In camera, ai giardinetti, al campo dell'oratorio, nei garage del quartiere. A scuola andavo bene, ma per una mente organizzata come la mia una cosa era studiare, una cosa era divertirsi, un'altra ancora era leggere per il piacere di farlo. E spazio nella mia testa, per quest'ultimo scomparto, non ce n'era.

Poi i miei mi regalarono *La Freccia nera*. Avrò avuto undici anni, forse dodici. Lo lessi e mi illuminò: fu il primo di una lunga serie di classici. *I ragazzi della via Paal*, *Piccoli uomini*, *La tigre della Malesia*, *Le due tigri*, *Sandokan alla riscossa*, *Il Corsaro nero*, *Viaggio al centro della Terra*, *Il giro del mondo in 80 giorni*, *Ventimila leghe sotto i mari*. Due o tre anni più tardi, andai in Inghilterra ospite di una famiglia e sul trenino che mi portava a Londra divoravo i gialli per ragazzi: i Pimlico Boys, Nancy Drew, i tre investigatori, gli Hardy Boys. Nella scena successiva mi rivedo con in mano Dylan Dog, ma figuriamoci, quelli erano già gli anni Novanta, ed erano fumetti.

Le letture d'avventura sono, in effetti, un ricordo senza soluzione di continuità, come se in tutti quegli anni avessi letto lo stesso libro, stimolato la stessa zona del cervello. Perché è quello, l'imprinting: l'avventura.

Quando partivamo per le vacanze con la Fiat 128 bianca (la nostra prima macchina che ricordo), mio padre disegnava noi quattro su una bandierina di panno e la issava sul cofano, tirando su l'antenna radio retrattile a mo' di pennone. Poi si partiva, per esempio per Parigi. Quando arrivavamo, quel pezzetto di stoffa era tutto sfilacciato, disfatto dal vento. Mio padre commentava: «È così che deve ridursi una bandiera dell'avventura. Se no, che avventura è?».

L'avventura non ha età. Ha solo codici diversi per ogni età.

Scegliere di partire

L'avventura per me è il viaggio. «Viaggio» è una parola che merita enorme rispetto, e che richiede altrettanta enorme flessibilità, perché ha un significato diverso non solo a seconda del contesto in cui la si usa, ma anche a seconda di chi la usa.

Jean Floressas Des Esseintes, il protagonista di *A ritroso* di Joris-Karl Huysmans, pieno di disprezzo per l'umanità, decide di abbandonare Parigi per un sobborgo e crearsi una casa in cui chiudersi per vivere la sua vita alternativa, «un deserto non privo di comodi, un'arca senza traballii e riscaldata dove rifugiarsi dal diluvio senza schiarita dell'umana stupidità».

Ma a poco a poco anche la vita tra i suoi libri, le sue opere d'arte, i suoi profumi, i suoi liquori non lo soddisfa più. Si annoia, pensa di fare un viaggio a Londra, ma esaurisce il desiderio solo immaginandolo. I medici gli parlano chiaro: è ora di reinserirsi tra la gente, è ora di tornare a Parigi. Emma Bovary avrebbe fatto i salti di gioia, ma lui no: «Evidentemente non gli restava alcuna rada, alcuna proda. Che sarebbe successo di lui in quella Parigi in cui non aveva né famiglia né amici?». Cade in uno stato di forte prostrazione: «Des Esseintes si accasciò su una sedia. "Tra due giorni sarò a Parigi" mormorò, "coraggio, è finita davvero. Come un maremoto, le onde della mediocrità umana salgono fino al cielo e stanno per inghiottire il rifugio di cui io stesso apro, mio malgrado, le dighe. Ahimè, mi manca il coraggio e il cuore mi si spezza!"».

Un critico disse che a Huysmans, dopo aver scritto questo libro, non restava che scegliere tra «i piedi della croce o la bocca della pistola». Ma il punto che mi ha sempre colpito non è la scelta finale, reinserimento o autodistruzione. Mi ha sempre colpito che, immaginando Londra, fosse passata al protagonista la voglia di visitarla.

Des Esseintes aveva letto così tanti libri che aveva perso la voglia di muoversi da casa. Aveva viaggiato senza spostarsi, aveva vissuto senza vivere. In questa sua scelta si era sentito superiore agli altri ma era diventato inadatto all'esistenza, perdendosi in un labirinto immaginario talmente vero, per lui, da non permettergli più di vedere una via d'uscita. Perché l'unica uscita sarebbe stata in un mondo reale a cui lui non attribuiva più alcun valore.

Io amavo i libri, ma non volevo certo fare la fine di Des Esseintes. Non volevo che i libri sostituissero il viaggio, ma che invece lo accompagnassero, lo stimolassero e lo arricchissero. Volevo evitare, proprio grazie a loro, l'errore del ragazzo protagonista di *Moby Dick*, e in generale di chi ha l'idea che basti imbarcarsi, partire, per «vedere il mondo». Al ragazzo, il vecchio marinaio mostra cosa vedrà dalla tolda della nave.

«"Bene [...]; tu non solo hai voglia di metterti alla caccia per provare con l'esperienza che cos'è, ma vuoi imbarcarti per vedere il mondo? Non è questo che hai detto? Mi pareva. E allora, fa' un passo laggiù e da' un'occhiata oltre la prora a sopravvento, poi torna a dirmi che cosa vedi."

«Per un istante rimasi un po' imbarazzato a questa curiosa richiesta, non sapendo come prenderla, se in ridere o sul serio. Ma concentrando tutte le sue zampe d'oca in una guardataccia, il capitano Peleg mi spedì all'incarico.

«Avanzandomi e guardando oltre la rembata, vidi che la nave, girando sull'àncora alla marea crescente, puntava ora obliquamente al mare aperto. La prospettiva era sconfinata, ma eccessivamente monotona e repulsiva: non la minima varietà in vista.

«"Be', che ne dici?" chiese Peleg quand'io tornai. "Che cos'hai visto?"

«“Poca roba” risposi. “Nient’altro che acqua; orizzonte in quantità, però, e si prepara un groppo, pare.”

«“Be’, cosa stai a pensare allora di vedere il mondo? Hai voglia di doppiare il Capo Horn per vederne dell’altro, eh? Non puoi vederlo il mondo di dove sei ora?”»

Tutto uguale, tutto acqua. Al ragazzo non serve partire per vedere un mondo diverso, o perlomeno: non vedrà niente se non ha già con sé quel che serve per vederlo. È un po’ il discorso di partenza di *Madame Bovary*: inutile cercare risposte o felicità semplicemente in un «altrove», inutile pensare che i problemi si risolvano imbarcandosi, sperare che ci sia un orizzonte oltre il quale i problemi si risolveranno. I conti con te stesso magari li puoi fare durante il viaggio, ma non basta il viaggio per far tornare i conti.

Libri che ti fanno viaggiare

Ho costruito la mia avventura ideale attraverso le avventure letterarie. Per esempio, immaginando il viaggio assoluto, oltre i confini della mente, l’avventura che mette a rischio la salute mentale e la vita stessa. Quando avevo scoperto che il mio film preferito era ispirato a un libro, e che quel libro era meraviglioso, avevo provato una sensazione di completezza: tutto torna. Le due opere sono *Apocalypse Now* di Francis Ford Coppola e *Cuore di tenebra* di Joseph Conrad. L’arte non mente, e si esprime a prescindere dal mezzo.

«Risalire quel fiume era come viaggiare indietro nel

tempo sino ai più lontani albori del mondo, quando la vegetazione cresceva sfrenata sulla terra e i grandi alberi erano re. Un corso d'acqua deserto, un grande silenzio e una foresta impenetrabile. L'aria era calda, densa, opprimente, stagnante. Non c'era gioia nello splendore del sole. I lunghi tratti di quel corso d'acqua procedevano deserti, nel buoi di ombreggiate lontananze.»

Il viaggio del protagonista di *Cuore di tenebra* per trovare Kurtz, che sia in Vietnam o nel cuore dell'Africa, è un viaggio per comprendere l'essenza del mondo, quale essa sia: «Mi sembrava che lui [Kurtz] mi fissasse con quello sguardo ampio e immenso che abbracciava, condannava e odiava l'intero universo. Mi parve di udire il suo grido sussurrato: "L'orrore!"».

Mettiamola così. Per come mi sono formato io, un viaggio senza affrontare l'ignoto non è un viaggio. Che senso ha partire senza avere l'opportunità di sconvolgere il proprio mondo? Che senso ha un viaggio, se non è al termine della notte?

Ed è forse paradossale, ma a tratteggiare nel mio personale immaginario la figura del viaggiatore (e quindi, poi, dell'inviato) ci si è messo anche lui, Louis-Ferdinand Céline. Un tizio che se lo avessi incontrato a una cena sicuramente non mi sarebbe piaciuto. Ma, incontrando il suo libro, ne sono rimasto folgorato (e sì, capita, e non bisogna sentirsi in colpa: in fondo anche Enrico Berlinguer amava ascoltare Wagner).

Céline da giovane non aveva voglia di studiare, né tanto di lavorare: era uno studente a dir poco mediocre. Eppure non solo è diventato medico ma è stato anche uno degli intellettuali che hanno segnato il Novecento. Ha viaggiato tantissimo, non solo in Europa ma negli Stati Uniti, in Canada, a Cuba, è stato nelle trincee della Prima guerra mondiale e poi, come medico di bordo, sui trasporti truppe della Seconda.

È controverso, Céline, parecchio. Ha un'aura di scrittore di destra maledetto che ha fatto di tutto per meritare. Però *Viaggio al termine della notte*, il suo libro più celebre, è semplicemente un grande romanzo. All'uscita, infatti, è stato amato e odiato indifferentemente da destra e sinistra: un capolavoro per le accuse contro la borghesia illuminata di sinistra o un'opera di bassa pornografia? Una seria critica colonialista o uno sfogo superomista? Evidentemente, una vera opera d'arte, capace di dividere e far discutere, ma allo stesso tempo di regalare a tutti i lettori qualcosa, un'avventura dello spirito.

Dopo il suo *Viaggio*, bisogna sottolinearlo, Céline ha scritto diverse cose offende. Dall'ascesa del nazismo ha cominciato una vera e propria discesa agli inferi diventando antisemita militante. *Bagatelle per un massacro* e *La scuola dei cadaveri* sono pamphlet acrimoniosi che arrivano a dar credito a uno dei più clamorosi falsi della storia della letteratura, i *Protocolli dei savi anziani di Sion*, che proverebbero il complotto ebraico internazionale. Un'assurdità, come hanno dolorosamente provato i campi di sterminio, di cui a un certo punto della guerra Céline riconobbe l'esistenza. Tuttavia, nemmeno con la fine del conflitto, neanche dopo essere stato processato e incarcerato per collaborazionismo, Céline ammise di essersi trovato dalla parte sbagliata della storia. Nelle sue lettere e nei suoi scritti a cavallo fra i Quaranta e i Cinquanta continuò a giustificare la sua condotta, sostenendo che fosse non un attacco agli ebrei, ma «una difesa degli ariani».

Con idee simili non stupisce che ci sia stato un tempo, nell'immediato dopoguerra, in cui le opere di Céline sono oggetto di un pesante «bando» intellettuale, considerate *lettura non grata*. Un sentimento che bisogna rispettare, contestualizzandolo, in quel tempo e in quell'Europa traumatizzati dal più grande orrore della Storia. Io però non credo nel proibire i libri e credo che abbia fatto bene una casa editrice prestigiosa come Gallimard a ripubblicarle poi, quando l'autore era ancora in vita, e ad averle oggi nel suo catalogo.

Sapere permette di giudicare, e permette anche di essere abbastanza forti da elaborare, discernere, affrontare. Più in generale, sono convinto che quello di ritoccare o censurare le espressioni artistiche e culturali di altre epoche e di altri contesti sia un errore madornale. Una cosa è mantenersi sintonizzati sulle sensibilità culturali e sulle necessità espressive del proprio tempo, un'altra è uniformare al nostro giudizio prodotti culturali di altri giorni. Con la *cancel culture* invece, il giudizio si sostituisce alla comprensione storica fino al punto di cancellare l'oggetto dell'analisi. E rischiamo di perdere, perché non sono «corretti», autori dall'importanza capitale, mentre tutto ciò che dobbiamo fare è leggerli con distacco e comprensione critica.

Céline aveva idee deplorevoli, ma è difficile rinunciare alle sue intuizioni. «La nostra vita è un viaggio / in Inverno e nella Notte / noi cerchiamo il nostro passaggio / in un Cielo senza luce.» Certo, il suo è un racconto cinico, nichilista, disperato e violento della miseria umana ma è anche vivido e grandioso. E il suo disincanto portato all'estremo è però un modo di guardare in faccia la realtà, di non farsi sconti: «Tutta la gioventù è già andata a morire in capo al mondo nel silenzio della verità. E dove andar fuori, ve lo chiedo, quando uno non ha più dentro una quantità sufficiente di delirio? La verità è un'agonia che non finisce mai. La verità di questo mondo è la morte. Bisogna scegliere, morire o mentire».

Forse, anche nelle mie avventure di lettore, nella frequentazione di autori borderline come Céline e in una vera passione per i loro viaggi, fisici e letterari, si nasconde una delle radici del mio desiderio di un lavoro che mi portasse in giro per il mondo. C'era un po' del mio futuro mestiere nella bandiera dell'avventura e nella *Freccia nera*, nei gialli per ragazzi e nelle storie di ricerca e scoperta, e infine una certa empatia con chi aveva cercato la fuga dal proprio destino, vedendo nel viaggio un tentativo di ingannare la miseria della vita.

Io, però, volevo vedere il mondo non per fuggire dalla realtà, ma per scoprirla. L'avventura era il viaggio, e il viaggio era il motivo per cui volevo fare il giornalista.

Il mito dell'inviato

Alzi la mano chi vorrebbe (o ha voluto) fare il giornalista: come si immagina? Al desk a contare le righe e mettere in pagina il pezzo? Chino su un foglio a fare i conti dei minutaggi per ottimizzare i tempi della trasmissione? Intento a scavalcare le macerie fumanti di un bombardamento per testimoniare la Verità?

È l'ultima, vero?

Era anche quella di Hemingway. Indimenticabile l'immagine di lui in piedi davanti alla macchina per scrivere (sì, scriveva in piedi) nella sua *finca* cubana. Io ho amato *Il vecchio e il mare*, e «Adesso non è il momento di pensare a cosa non hai. Pensa a cosa puoi fare con quello che c'è» è una mia regola di vita. Credo di sapere per chi suona la campana, e sarei certamente stato al fianco di chi combatteva il franchismo in Spagna o di chi sbarcava in Normandia. Ma esiste anche una retorica del giornalista che va sul fronte, che si schiera e si espone, e la retorica può fare seri danni, a cominciare da quello di privarti della lucidità. Per un giornalista sposare una causa può essere nobile (può peraltro anche non esserlo affatto) ma riuscire a separare la militanza dalla professione permette di capire meglio, e di svolgere meglio il proprio lavoro.

Noi viviamo in tempi meno eroici di Hemingway, e c'è di che esserne grati, e la mia vita di inviato è stata più che altro caratterizzata dalla gestione dell'imprevisto e della complessità: più volte mi sono trovato a tentare, in corsa, di dare una forma e una direzione al racconto degli eventi, dominando il dominabile, razionalizzando il drammatico e cercando di non soffrire troppo dell'imprevedibile. Più che un'epica, ho cercato di costruire una pragmatica del mio mestiere. E di rimanere fedele alla sua deontologia.

Intendiamoci: ho anche io i miei ricordi da spiattellare a cena asfissiando l'intera tavolata per tutta la serata. I carri armati per le strade di Jakarta; gli hezbollah armati che trascinano me e Paolo Aleotti in un appartamento-prigione di Beirut; l'appello via radio che invita me e i colleghi a ritirare gli antibiotici in ospedale, perché ci siamo avvicinati troppo all'antrace; il cassetto del governo tedesco aperto di nascosto, con dentro il documento che scombussola i piani di Theo Waigel. E tanti altri aneddoti che mi tengo per qualche aperitivo con colleghi competitivi.

Ma l'inviato come lo immaginavo io non era la figura classica e romantica: il giornalista che arriva dall'altro capo del mondo e sposa la causa degli ultimi. Io volevo essere un testimone, un osservatore; volevo scoprire e imparare. Volevo andare e farmi un'idea, poi, semplicemente, raccontarla agli altri. Un'ambizione che a qualcuno suonerà strana, perché forse poche figure professionali sono state banalizzate quanto quella dell'inviato. O, se preferite, idealizzate. Una banalizzazione/idealizzazione cui tendiamo a credere anche noi giornalisti ma che non corrisponde quasi mai alla realtà, e meno che mai è stata il tratto distintivo della mia esperienza.

Quando fu formalizzata la mia assunzione in Rai,

molti colleghi e amici mi fecero regali. Chi regalava libri sembrava avesse un'idea chiara di quello che doveva essere un giornalista: ricordo che da un collega di mia moglie ricevetti *Il cinico non è adatto a questo mestiere* di Ryszard Kapuściński, giornalista e reporter polacco di fama internazionale. La frase chiave del libro era stata vergata a penna come dedica sulla prima pagina: «È sbagliato scrivere di qualcuno senza averne condiviso almeno un po' la vita».

Kapuściński (in questo come in altri lavori) ha dato tantissime lezioni di buon giornalismo, ha scritto pagine preziose sull'etica del mestiere, eppure dei suoi pensieri ne è passato uno solo e approssimativo, come se si fosse limitato a enunciare un'unica regola: che un bravo giornalista debba essere innanzitutto una persona *buona*, empatica, che sappia soffrire con coloro di cui vuole raccontare le sofferenze, che sappia entrare nel mondo che descrive.

Lo ha detto, certo, ma non è tutto qui. Tanto è vero che, per quanto io apprezzi le brave persone, non si può negare che anche una brutta persona possa essere un eccellente giornalista. Inoltre, l'empatia non può essere l'unica chiave della scoperta e del racconto. Innanzitutto, perché il cinismo è anche una forma di protezione, che le categorie più esposte al dolore del mondo utilizzano per tirare avanti: con le dovute differenze, come i medici spesso anche i giornalisti sono cinici per legittima difesa. E poi perché un giornalista, se deve sforzarsi di non essere cinico, di certo deve essere critico, e quel tanto distaccato da mantenere l'oggettività. Altrimenti non racconterà la storia che è venuto a cercare, ma quella che qualcun altro vuole fargli trovare.

La mia Ellis Island

Agosto 2001, parto per la sostituzione estiva di Paolo Longo, corrispondente dagli States che se ne va in ferie. Sarà l'estate dell'attentato alle Torri Gemelle, una tragedia che segna non solo la cronaca, ma la Storia stessa. Lì, nel momento in cui succede, è LA notizia, il dolore da raccontare, il mistero nelle sue infinite sfumature.

Siamo in un classico momento di passaggio in Rai. Nell'azienda governa ancora la sinistra, ma sta per arrivare la destra che ha vinto le elezioni, e i direttori litigano sul nome di quello che sarà il nuovo corrispondente dagli Usa. Paolo Ruffini, direttore del Gr, giornalista cui devo molto, se non tutto, conosce il mare in cui si trova a nuotare e mi suggerisce: «Resta lì, resta a New York, e vediamo che succede». Succede che alla fine i veti incrociati portano allo stallo, e nello stallo si decide di lasciare là «quello giovane», cioè io. In questo modo divento corrispondente dagli Usa.

Mi ha spesso fatto sorridere (ma a volte soffrire) la superficialità con cui si tende a valutare il lavoro di un giornalista, la facilità con cui si mettono sulla sua pelle le etichette di destra o sinistra. Quanto è complessa la formazione di una persona? Se questa persona decide di prendere seriamente il proprio lavoro, a quante fonti deve il suo approccio alla realtà? A molte, e io non faccio eccezione. Il lavoro di corrispondente significa non solo guardare i fatti, ma interpretarli e renderli comprensibili, e sarebbe riduttivo affrontare un'esperienza del genere con gli occhiali del partito preferito. Per capire un mondo nuovo mi sarebbe servito tutto: la Freccia nera e Louis-Ferdinand Céline, Madame Bovary e Dario Antiseri, Pier Paolo Pasolini, Luciano Pellicani e Vittorio De Sica (un po' anche il figlio Christian).

Mi sarebbero serviti poi dei nuovi autori, che sarebbero diventati amici e compagni di quel viaggio americano.

La dolce vita di NY

Nel 1894, a Parigi, un Proust giovanissimo e molto mondano incontra in un salotto letterario Oscar Wilde e non si lascia sfuggire l'occasione di invitarlo a cena al 9 di Boulevard Malesherbes, la casa in cui vive coi suoi, che all'epoca sono ancora vivi entrambi. Proust è appena ventenne e Wilde è già famosissimo a livello internazionale, avendo da poco platealmente iniziato una relazione *more uxorio* con Douglas. Di lì a poco arriveranno per lui tempi durissimi: un processo, una condanna e la dolorosa prigione che di fatto metterà fine alla sua carriera e in parte segnerà la sua fine simbolica (anche Wilde muore nel 1900). Sarà forse per un presagio di difficoltà in arrivo, o forse perché Wilde era Wilde, che lo scrittore inglese, particolarmente nervoso e infastidito dal giovane ammiratore, trova il modo di definire la casa di Proust come poco elegante («Come è brutto qui da voi» sembra abbia detto) concludendo così la brevissima visita presso i suoi ospiti francesi e inimicandosi per la vita il futuro autore della *Recherche*.

Solidarizzate con Proust, vero? Perché vi sarà successa la stessa cosa: di essere snobbati da un vostro idolo o delusi da un giudizio che non vi aspettavate. È successo anche a me (e credo che sia l'unico possibile elemento di vicinanza tra me e Proust).

La mia nomina a corrispondente Rai era una sostanziale novità per l'azienda, o forse sarebbe meglio dire che era un segno dei tempi. Ero un giovane redattore ordinario, alla prima esperienza televisiva. Il posto del corrispondente era tradizionalmente appannaggio di ex direttori, giornalisti autorevoli e di grande esperienza. Ma il mondo cambiava, o forse era solo un singolo momento felice, e il ruolo del corrispondente diventava scalabile dalla gente normale. Ovviamente, ne conseguiva un ridimensionamento del trattamento economico, e con mia moglie ci eravamo trovati un appartamentino che a noi sembrava fantastico, alla fine di Central Park, a Spanish Harlem, tra la Fifth Avenue e la 107ª Strada. Un piccolo ambiente unico in cui alcuni divisori ricavavano un bagno, un cucinino e uno studiolo sovrastato da un piccolo soppalco che era la «zona notte».

Per i primi tempi dormimmo su un materasso buttato per terra e sempre per terra mangiavamo, seduti su alcuni cuscini. Quando arrivarono gli arredi e poi, da Roma, libri, quadri e stoviglie, orgogliosi della nostra sistemazione decidemmo che era il momento di mostrarla al mondo. La prima che invitammo a vedere casa fu una nostra amica giornalista che lavorava a NY da tempo, e che fu davvero gentile con Beatrice e con me, riempiendoci di complimenti per la posizione, per il gusto con cui avevamo arredato l'alloggio, per il calore dell'ambiente. Poi, mentre uscivamo per andare a cena, aspettò che mia moglie entrasse in ascensore e mi fermò sulla porta, sussurrandomi all'orecchio: «Devi rifiutarti di vivere in un posto del genere, non è dignitoso per un corrispondente!».

Lì cominciai a capire che l'esperienza newyorchese sarebbe stata più complicata del previsto, e che, se volevo comprendere quella città, avevo bisogno di alleati.

Non vuoi far l'americano?

Prima di trasferirmi negli Usa avevo discusso con L., un mio amico molto, molto comunista. «Ti troverai malissimo» aveva profetizzato. «Quello è un popolo che beve il caffè mentre cammina, e che per evitare di macchiarsi non si ferma qualche secondo al bordo della strada, no: inventa un tappo per la tazza.» Gli avevo contestato il luogo comune, e lui si era spostato sul cinema: «Non li vedi i telefilm americani? Non vedi i volti che sembrano quelli dei manichini? Pensa agli europei: le facce vere, vissute degli attori spagnoli, polacchi, britannici. E pensa alla gestione del tempo! Negli

Usa la frenesia, e la volontà di cancellarlo. In Europa la calma, e la volontà di capirlo».

L. (che ha ancora le stesse idee, ma da quando è stata invasa l'Ucraina le sostiene con maggiore veemenza) ha torto marcio, e non bisogna nemmeno accennare agli autori statunitensi che hanno fatto la storia del cinema; basta sottolineare l'errore da matita blu di confondere la velocità con la superficialità. Ma L. aveva un asso nella manica, lo tirò fuori qualche anno dopo, quando ormai ero tornato a Roma. Mi lesse il prologo di *Chiedi alla polvere*, di John Fante. «Così l'ho intitolato *Chiedi alla polvere*, perché in quelle strade c'è la polvere dell'Est e del Middle West, ed è una polvere da cui non cresce nulla, una cultura senza radici, una frenetica ricerca di un riparo, la furia cieca di un popolo perso e senza speranza alle prese con la ricerca affannosa di una pace che non potrà mai raggiungere.»

Ero stato assunto da poco, mi ritrovavo corrispondente. Non voglio certo lamentarmi di come è andata, ma non è facile atterrare con tanta velocità da un sogno a una realtà che lo supera. Devo ammettere che John Fante fu un rifugio sicuro, in una situazione in cui per la prima volta dovevo assestare l'identità in un Paese straniero. I corrispondenti che avevo conosciuto avevano risolto il problema tutti più o meno allo stesso modo: diventando, o credendo di diventare, americani. Ma io sono convinto che se vai a vivere all'estero, non per questo diventi indigeno. Diventi un italiano che vive all'estero. E infatti New York custodiva una nutrita compagine italo-americana che cercava di digerire me e chiunque arrivasse dall'Italia in una sorta di strana miscellanea culturale, quella *dell'italiano contento di vivere in America.*

A New York, ogni volta che qualcuno ci invitava a cena, incontravamo sempre le stesse persone. L'artista, il professionista, il letterato: c'erano tutti, ma sempre gli stessi. Sembrava la scena iniziale di *Animal House*, quando le matricole imbranate alla festa della confraternita si ritrovano a chiacchierare sempre con gli stessi emarginati della serata, perché gli anziani impediscono loro qualsiasi sortita dall'angolo dei *parvenu*. New York ci respingeva: noi ce ne accorgevamo, gli altri forse no. Si era creato un ermetico giro di italiani felici di vivere in America forse soprattutto per poter dire in Italia che vivevano in America.

Un'amica gallerista ci aveva raccontato che esistevano addirittura degli artisti, dei pittori, che avevano una quotazione per gli italiani di New York e un prezzo diverso per il resto del mondo. Il gruppo chiuso dei nostri paesani alimentava e subiva fenomeni e tendenze sconosciuti al resto della città. Ci facevamo concorrenza da soli alle aste, come Paolo Villaggio in *Ho vinto la lotteria di Capodanno*. Eravamo autosufficienti e soprattutto autoreferenziali, creavamo in assoluta autonomia le mode che poi in patria raccontavamo essere l'ultima tendenza dagli States.

Meglio essere un sano immigrato, non c'era dubbio. Straniero in Usa, corrispondente e basta. L'occhio distaccato con cui guardare gli eventi, l'occasione di raccontare che il re è nudo (qualora fosse passato senza vestiti). Se volevo essere un buon giornalista non mi dovevo integrare. Il che, tra l'altro, non mi riusciva difficile: la mattina mi alzavo alle sette, alle otto ero in autobus per raggiungere gli uffici di Rai Corporate e la sera tornavo a casa dopo le venti. Guardavo fuori dal finestrino del bus e mi dicevo: Mille luci un corno!

«Sono le sei del mattino: hai idea di dove sei?» chiedeva Jay McInerney al protagonista del suo romanzo. «Tra un'ora sto in piedi, fammi dormire!» gli avrei dovuto rispondere io.

Noi messicani

Se resti straniero, nel giornalismo, non sbagli mai. Dopo qualche settimana dall'attentato alle Torri Gemelle, mi spostai a Washington. Riaperte le frontiere, a New York erano arrivati tanti colleghi, e Ruffini e Di Bella (all'epoca direttore del Tg3) mi avevano suggerito di spostarmi, per proporre pezzi diversi da quelli degli altri. Come sempre avevano avuto intuito, e mi trovai a seguire come unico corrispondente sul posto la vicenda dell'antrace.

Nella capitale avevo preso una stanza al famoso Hotel Watergate (pensate l'emozione), e una sera che mangiavo da solo al ristorante entrarono George Bush, il presidente, e la consigliera per la sicurezza nazionale Condoleezza Rice. Presi il registratore e andai a piazzarmi fuori dalla porta per aspettare che il grand'uomo uscisse e provare a strappargli due parole. Ma pian piano anche i camerieri del Watergate, tutti messicani, vennero a schierarsi lì per omaggiare il presidente. Quando Bush uscì, saltò tutta la fila, venne dritto da me (che ero piccolo e nero come loro) e mi disse: «Voi messicani siete l'orgoglio della nazione!».

Risposi grazie, semplicemente, e gli strinsi la mano. Lui mi incoraggiò: «Tenete duro!», poi salutò tutti gli altri e se ne andò.

Mentre cercavo di trattenere le risate (e gli «altri» messicani mi guardavano perplessi: oggi mi si accuserebbe di appropriazione culturale) mi raggiunse Condoleezza Rice, che aveva capito cosa fosse successo. Le dissi che ero un giornalista italiano e la intervistai. Fu l'apertura del Giornale Radio del mattino dopo.

Era ovvio che mi tornasse in mente John Fante: «"Giovanotto" mi disse. "È messicano per caso?" Mi indicai e mi misi a ridere. "Messicano, io?" scossi il capo. "Sono americano, signora Hargraves. [...]" "Non ospitiamo messicani in quest'albergo" insisté. "Non sono messicano. [...]" "E nemmeno ebrei" concluse».

Messicano, italiano, irlandese, dominicano, cosa importava? Avevo fatto bene il mio lavoro, e nel sentirmi accomunato agli altri stranieri avevo provato anche un certo conforto. Potevo essere temporaneamente americano, ma le mie radici restavano altrove. Proprio come quelle di John Fante, che le sue radici le venerava: era nato in Colorado, ma suo padre era abruzzese, la madre di origini lucane. Il suo alter ego letterario, il personaggio di Arturo Bandini, è un alfiere dell'identità italiana. Quella classica: cucina, vino, pasta e famiglia.

A New York, John mi ha fatto compagnia, e nel tempo avrei letto quasi tutti i suoi libri: *La confraternita del Chianti*, *Dago Red*, *Aspetta primavera*, *Bandini*, *La strada per Los Angeles*... John Fante mi ricordava che non dovevo mollare. Io ero chi ero, e a New York potevo tranquillamente rimanere una goccia d'olio in un bicchier d'acqua. Con Beatrice scherzavamo sulla nostra irriducibile italianità e ascoltavamo *My Way* di Frank Sinatra e Dean Martin con la sua «*pizza pie*» e la «*gay tarantella*». Ma il top era «C'è la luna in mezzo al mare...»: Francis Ford Coppola puro.

Difficile è capire chi sei, ma se per qualche momento ci riesci, non ti preoccupi più di nulla. Ti senti liberato: io sono questo, c'è poco da fare. Adesso di che ci occupiamo?

Un italiano a New York si rende conto di tante cose. *Starne fuori* mi permetteva di capire il Paese che mi aveva accolto e conoscerlo meglio, anche nelle sue contraddizioni identitarie. Un popolo formato da mille popoli, che sa bene, ci riesca o no, che deve rispettarli tutti (non bisogna mai sottovalutare le regole teoriche, perché se anche poi nella pratica non riesci a osservarle, è pur vero che a quelle hai scelto di ispirarti). Come sempre, il gap tra teoria e pratica è la letteratura. In *Due donne* di Nella Larsen, ambientato proprio a New York, il tema identitario è al cuore dell'amicizia tra le due protagoniste, due donne afroamericane una delle quali si finge bianca, arrivando al punto di sposare un bianco razzista. Un triste controsenso, una malintesa idea dell'integrazione la cui evoluzione, come si può ben immaginare, non è il lieto fine. Come non è a lieto fine uno dei libri più belli sul sogno americano che si possano leggere: *Pastorale americana*, di Philip Roth, in cui il suddetto sogno si trasforma in incubo. Un altro Roth, a distanza di un secolo dall'asburgico Joseph, ci racconta un altro crollo, quello dell'illusione della bellezza assoluta, del benessere senza ombre, del progresso continuo di generazione in generazione.

Seymour Irving Levov è il figlio di un produttore di guanti ebreo che si è fatto strada lavorando sodo: la classica *success story* americana. Come se non bastasse poi, Seymour è pure alto, biondo e bello (lo chiamano «lo Svedese»), atleta tra i migliori del liceo, poi Marine... Aggiungiamo una bella moglie, una grande e magnifica casa nell'idilliaca frazione di Old Rimrock. Cosa c'è da raccontare, allora? Solo un problema insignificante: la balbuzie della figlia adolescente, Meredith. È il sassolino che inceppa l'ingranaggio, il battito d'ali della farfalla che innesca il tornado. Perché quella balbuzie, che allontana Meredith dalla «perfezione» per lei voluta e sognata, la manda in una crisi così grave da farla avvicinare all'estremismo, al terrorismo.

Sono gli anni Sessanta, segnati da grandi tensioni per la ribellione contro le discriminazioni razziali, ancora molto forti in America. Nel febbraio 1968, Meredith mette una bomba nell'ufficio postale di Old Rimrock, rimane ucciso un passante, deve fuggire, se ne va di casa, ma dove? Da lì comincia la ricerca di un padre:

che vuole trovare sua figlia ma, soprattutto, vorrebbe trovare il punto in cui ha sbagliato. In cui non ha capito, in cui la sua perfetta identità americana faticosamente costruita si è ridotta a un mucchietto di cenere. Non vi dico se ci riesce, ma qualcosa potete intuire da amarissime considerazioni come questa: «Rimane il fatto che, in ogni modo, capire bene la gente non è vivere. Vivere è capirla male, capirla male e male e poi male e, dopo un attento riesame, ancora male. Ecco come sappiamo di essere vivi: sbagliando».

Non vi ricorda Salvatore Satta?

La nostra amica F., una turca che all'epoca studiava inglese alla Kaplan, sosteneva che sono i libri a scegliere i loro lettori. Sulla base di questa teoria, secondo F. prima o poi sarei stato raggiunto da Kerouac, Bukowski, Nabokov e Salinger. Kerouac lo avevo già incontrato: lo avevo letto forse al liceo. La sottolineatura più facile:

> «Dobbiamo andare e non fermarci finché non siamo arrivati.»
> «Dove andiamo?»
> «Non lo so, ma dobbiamo andare.»

Ovvio che non me lo potessi perdere. All'epoca il testo base della Beat Generation aveva aperto un filone, fondendosi con il film *Easy Rider*, con il film *Fandango* e con il Jim Morrison di *Riders on the Storm*. Un bel caos, no? Ma d'altronde *Sulla strada*, divenuto la Bibbia di una generazione, è di per sé un viaggio scombinato e velleitario, oltre che dall'esito amaro.

Bukowski lo avevo apprezzato ai tempi dell'università, Nabokov sulla panchina di largo Ecuador, non restava che Salinger, e lo andai a comprare, rendendo la teoria di F. una delle tante profezie che si autoavverano.

J.D. Salinger scrive un libro eccezionale, *Il giovane Holden*, e poi scompare. Vive isolato, scrive poco, non si fa vedere in giro, concede una o due interviste, l'ultima delle quali a una studentessa di college, proprio mentre con *The Catcher in the Rye* (il titolo originario) sta influenzando l'intera letteratura mondiale. Il libro è bellissimo. È il libro per chi si ritiene diverso da tutti, perché Holden è uguale a tutti i diversi. La cronaca vuole che abbia ispirato molti maniaci della storia americana: l'attentatore di John Lennon, quello di Ronald Reagan, quello della giovane attrice Rebecca Schaeffer. In realtà *Il giovane Holden* è solo una splendida descrizione del disagio di un giovane disadattato, tormentato, arrabbiato con una società che lo disgusta e lo tiene lontano. La sua rabbia, le sue incertezze, lo spaesamento che trova nel non comprendere e nel non essere compreso restano una lettura necessaria per chi ritiene di essere solo nel disagio.

«Scoprirai di non essere il primo che il comportamento degli uomini abbia sconcertato, impaurito e perfino nauseato. Non sei affatto solo a questo traguardo, e saperlo ti servirà d'incitamento e di *stimolante*. Molti, moltissimi uomini si sono sentiti moralmente e spiritualmente turbati come te adesso. Per fortuna, alcuni hanno messo nero su bianco quei loro turbamenti. Imparerai da loro... se vuoi. Proprio come un giorno, se tu avrai qualcosa da dare, altri impareranno da te. È una bella intesa di reciprocità. E non è istruzione. È storia. È poesia.»

È comunque più facile esaurire gli anni, i periodi e le epoche che esaurire i libri e il mio tempo newyorchese si è concluso presto. Ho lasciato indietro, nel trasloco, libri non letti, oltre che esperienze non vissute e luoghi non visti in un continente immenso.

Ma alla fine del mio incarico da inviato non avevo tempo per le nostalgie né per i rimpianti. Perché corrispondeva a un nuovo (e impegnativo) inizio.

7
I libri per capirci qualcosa

Da ragazzo sognavo di inchiodare Andreotti con le mie domande scomode, ma già quando a poco più di vent'anni, con un contrattino per l'Agenzia Italia, mi ritrovai a correre dietro a banchieri e ministri per strappare loro una dichiarazione, mi sentii arrivato: facevo il giornalista. Poi la vita va avanti, e come nei cerchi creati da un sasso gettato nel laghetto scopri che c'è sempre un'altra piccola onda, più in là, che ti attira, e ti ritrovi al sogno di partenza.

Capisci che la dichiarazione di poche parole non basta, anzi ti infastidisce se non è veritiera, e vuoi fare un'altra domanda al tuo interlocutore. Poi vuoi capire come nasce quella dichiarazione, cosa pensa il ministro, cosa pensa la gente che lo vota. Ti muovi, spinto dal tuo sogno originario, e ti ritrovi in posti che non avresti mai pensato di visitare, o di conoscere. Ero in via Tomacelli, nella sede dell'«Avanti!» quando Giovanni Falcone fu assassinato. Ero sulla 9ª Strada, tra Broadway e University Place, quando l'aereo colpì la prima torre. Ero a Detroit quando Ruffini mi chiamò al telefono per offrirmi *Ballarò*.

I tuoi sogni sono l'unica certezza che hai, perché il resto dipende dal sasso lanciato nello stagno. Chi lo tira, quel sasso? Tu, o il caso? In qualche libro ci sarà pur scritto. E tuttavia, di onda in onda, anche se per me capire le cose resta la sfida più affascinante, è pur vero che da quella telefonata ricevuta a Detroit sono passati molti cerchi nell'acqua e ormai sono vent'anni che faccio il talk show. Tutti abbiamo avuto momenti di scoramento sul lavoro – «Non ne posso più, devo cambiare mestiere, devo cambiare aria» – ed è naturale che sia capitato anche a me.

Una volta, tra il serio e il faceto, ho domandato al mio amico B.: «Secondo te come posso cambiare il mio destino?».

«Il tuo problema» mi ha risposto sarcastico «è proprio riuscire a *non* cambiare il tuo destino.»

Problema non da poco.

Non avere le radici nel mondo in cui lavori può essere d'aiuto, ma è anche molto faticoso.

Di nomi e di destini

Chi non ha mai comprato un libro sulla base del titolo? C'è un'intera letteratura sui titoli dei libri famosi, su come e da chi sono stati scelti, con l'inevitabile domanda: avrebbero avuto lo stesso successo, se si fossero chiamati diversamente? *Via col vento* avrebbe potuto intitolarsi *Domani è un altro giorno* (ma alla fine Mitchell scelse il verso di una poesia di Ernest Dowson dall'oscuro titolo latino). *Il grande Gatsby* poteva essere *Trimalcione a West Egg* (e qui lo potrei giurare, che non avrebbe avuto lo stesso successo). *1984* di George Orwell sarebbe stato *L'ultimo uomo in Europa* (non male), *Guerra e pace* poteva essere *Tutto è bene quel che finisce bene*, *Lolita* ha rischiato di essere *Il regno del mare* e così via.

L'editore, d'altronde, oggi come allora fa il suo lavoro, che resta quello di vendere i libri e, siccome non ci si trova sempre davanti a capolavori come quelli citati, il titolo (assieme alla copertina) può essere un valore decisivo a livello commerciale. Dopo il successo della *Casta* di Gian Antonio Stella e Sergio Rizzo andavano forte i libri di denuncia, e qualsiasi saggio venisse proposto (anche il più mite e costruttivo) veniva battezzato con un titolo amaro, di profonda indignazione. Il fenomeno è rientrato (o quasi) prima che si passasse alle parolacce. Già me li vedevo i bestseller in vetrina: *Bastardi*, *Infami*, *Figli di...* Oppure il più diretto: *Gonfiamoli di botte*.

Insomma, se i titoli non fanno la felicità, né il successo, è vero che a volte fanno la differenza. E nel mio piccolo ho avuto modo di riflettere a diverse riprese sull'importanza di un titolo, dovendone cercare uno per le mie trasmissioni. Scoprendo così che, dopo il viaggio americano in cui pensavo di esserne venuto a capo, il problema dell'identità si riproponeva ancora più cruciale. Perché il nome deve dire cosa è un programma, come quello di un libro deve incuriosire, restare in testa, dire qualcosa dei contenuti senza essere didascalico. Contribuire a creare, appunto, un'identità.

Per *Ballarò* (il talk show di Rai 3 che ho creato con tanti amici che ancora lavorano con me e che ha resistito a tempi molto, molto burrascosi) la rete aveva testato diversi nomi, tra tutti ricordo il provvisorio e orribile *Forza Tre* (che immagino dovesse fare il verso al partito di Berlusconi, o al mare – poco – in tempesta) e l'ipotesi *Matrix*, che poi scartammo, e ritrovammo tempo dopo come titolo della trasmissione Mediaset di Enrico Mentana.

La rete aveva respinto la mia proposta, *Ottoemezzo*, proprio il nome che avrebbe poi avuto la trasmissione di La7, portata al grande successo da Lilli Gruber e nata con la conduzione di Giuliano Ferrara e Gad Lerner. All'epoca ancora non esisteva nemmeno l'access time di La7, ma la mia idea non passò perché il nostro talk show sarebbe iniziato alle 21.20, e si temeva che il titolo creasse confusione nel pubblico (lezione imparata: con *diMARTEDÌ* non si può sbagliare). Alla fine fu Maria, la moglie di Paolo Ruffini, ad avere l'idea vincente: *Ballarò*, il nome del mercato di Palermo. In un mercato tutti possono dire la propria, e il dato economico è decisivo.

Quando proposi *Ottoemezzo*, lo feci per citare il capolavoro di Fellini, in particolare la scena finale in cui tutte le esperienze, le personalità e le contraddizioni del regista si uniscono in un grande girotondo. Mi sembrava un biglietto da visita ideale per una trasmissione che aveva l'ambizione di raccontare gli italiani. Avrei voluto combinare la leggerezza intelligente di due capisaldi della nostra cultura come Federico Fellini e Italo Calvino: «Chi è ciascuno di noi se non una combinatoria di esperienze, di informazioni, di letture, d'immaginazioni? Ogni vita è un'enciclopedia, una biblioteca, un inventario d'oggetti, un campionario di stili, dove tutto può essere continuamente rimescolato e riordinato in tutti i modi possibili».

Poi la trasmissione iniziò.

I critici televisivi commentavano duramente (e spesso giustamente) le mie prime performance, pensavano di rendere l'idea della mia inadeguatezza confrontandomi con i predecessori, che in effetti avevano influenzato molto la mia formazione di giornalista televisivo. Ero cresciuto con le trasmissioni e i talk di Maurizio Costanzo, Giovanni Minoli, Enzo Biagi, Michele Santoro, Gad Lerner e Giuliano Ferrara. Ma ancora più inadeguato e distante mi sentivo rispetto ai modelli narrativi che mi venivano proposti dai colleghi più esperti e colti.

Non era solo l'identità della trasmissione, il punto. Era l'identità del Paese che quella trasmissione avrebbe dovuto raccontare. E per raccogliere elementi utili, voci autorevoli, i colleghi mi consigliavano maestri veri: l'ironia di Ennio Flaiano, per esempio, o il gusto per le umane contraddizioni di Giovannino Guareschi. Ma le puntate si susseguivano una dopo l'altra senza che io riuscissi ad avvicinarmi davvero ai loro libri: Guareschi lo considerai risolto dall'aver visto tutti i film di Peppone e don Camillo, Flaiano dall'aver letto la storia del marziano a Roma.

Però, avevo letto molto Italo Calvino. La trilogia degli antenati, con i balzi aerei del barone rampante, le incertezze del visconte dimezzato, gli inconsulti slanci del cavaliere inesistente, e poi il geniale *Se una notte d'inverno un viaggiatore*. Calvino mi era piaciuto tantissimo, e forse era proprio lui che mi serviva. Quello sguardo sghembo, quel gioco continuo sugli errori e sugli equivoci. Perché con il tempo che passava (e gli errori che commettevo) mi rendevo sempre più conto che non era l'identità il nodo che dovevo sciogliere, ma la comprensione dell'altro.

Erano gli anni dello scontro tra berlusconiani e prodiani, due identità antropologicamente opposte, che non accettavano neanche di confrontarsi (o per meglio dire, una aveva appena cercato di impedire all'altra di parlare, chiudendo le trasmissioni di Biagi e Santoro).

Dovevo far capire come capirsi.

Capire l'altro (andando a tentoni)

Tu e gli altri, il problema è tutto là. Bisogna probabilmente arrendersi all'idea che capiremo sempre ben poco del mondo che ci circonda, delle persone intorno a noi, e fondamentalmente di noi stessi.

L'immagine più nitida delle difficoltà che si hanno nel comprendersi a vicenda me l'ha data un lavoro di

Woody Allen che fa molto ridere, ma che mostra anche assai bene quanto sia assurdo sperare di dominare la realtà. È *Il carteggio epistolare Gossage-Vardebedian*, in cui due giocatori intraprendono una partita di scacchi a distanza, giocano inviandosi delle lettere. Una lettera si perde, o forse no, non è chiaro cosa succeda, il che fa parte del divertimento (e dell'insegnamento), e ognuno inizia a giocare la propria partita in un esilarante crescendo di incomprensioni.

> Mio caro Vardebedian,
> sono rimasto più che sconcertato oggi, nell'aprire la posta del mattino, trovando che la mia lettera del 16 settembre, contenente la mia ventiduesima mossa (Cavallo nella quarta casa di Re), era tornata non aperta a causa di un piccolo errore di spedizione.
> [...]
> Bene, dunque, l'errore è venuto a galla e segue una semplice rettifica. Se tu volessi muovere il mio Cavallo nella quarta casa di Re, potremmo proseguire il nostro piccolo gioco con maggior precisione. L'annuncio di scacco matto che hai fatto nella lettera di questa mattina temo, in tutta franchezza, che sia un falso allarme e, se riesaminerai la posizione alla luce della scoperta odierna, troverai il tuo Re vicino al matto, esposto e indifeso, un immobile bersaglio per i miei Alfieri.
> Ti accludo la mia quarantacinquesima mossa: il mio Cavallo cattura la tua Donna.

Gossage,
ho ricevuto questa mattina la lettera con la tua quarantacinquesima mossa (il tuo Cavallo cattura la mia Donna?) [...] Dimmi se ho capito bene. Il tuo Cavallo, che ho rimosso dalla scacchiera settimane fa, secondo te dovrebbe essere rimesso nella quarta casa di Re a causa di una lettera andata smarrita ventitré mosse fa? [...] Attualmente la quarta casa di Re è occupata dalla mia Torre, tu sei rimasto senza Cavalli, nonostante l'ufficio delle lettere non reclamate, e io non riesco a capire bene quale pezzo stai usando per catturare la mia Donna. [...]

Vardebedian,
ho appena finito di leggere attentamente la tua ultima lettera, quella che contiene una bizzarra quarantaseiesima mossa che vorrebbe rimuovere la mia Donna da una casa in cui non si trova più da undici giorni. [...]

Gossage,
[...] È diventato chiaro per me come nelle ultime sei settimane abbiamo giocato due partite a scacchi completamente diverse – io, seguendo la corrispondenza, e tu in armonia con il mondo come vorresti che fosse, piuttosto che con qualsiasi sistema di ordine razionale. La mossa di Cavallo che è andata apparentemente perduta sarebbe stata impossibile alla ventiduesima, in quanto il pezzo si trovava al lato dell'ultima traversa, e la mossa che descrivi lo avrebbe portato a fermarsi sul tavolino, accanto alla scacchiera.

Leggere queste pagine mi riconcilia sempre con la vita, al pensiero che ci comportiamo tutti un po' così, a volte: una piccola disattenzione, e ci infiliamo in malintesi infiniti da cui poi non riusciamo a uscire mai. Sempre convinti di avere ragione, ovviamente. Con l'idea di fare scacco matto, mentre nemmeno sappiamo se abbiamo le pedine al posto giusto.

Il comico malinteso descritto da Woody Allen ci dice che non è così facile, capire l'altro e decifrare la situazione comunicativa in cui ci troviamo. A me, per lavoro, capita di continuo di entrare in contatto con persone nuove e spesso mi è necessario valutarle in fretta (cosa che fanno anche loro con me, in genere misurando la distanza tra la persona reale e il personaggio tv). Perlopiù si tratta di conoscenze veloci, basate su rapporti diretti e superficiali, in qualche modo standardizzati dai nostri ruoli. Io penso di sapere cosa vogliono dirmi, loro pensano di sapere cosa voglio sentire. Il nostro scambio è già parzialmente predeterminato, le mosse possibili sulla scacchiera sono limitate. Come tutti, per farmi un'idea di chi ho davanti mi baso sul modo di parlare, sul modo di guardare, sugli atteggiamenti che assume in determinate circostanze. Mi aiuta anche l'attenzione a piccoli particolari, come l'adesione a una moda del momento, il far riferimento a conoscenze, ambienti o espressioni che presume essere comuni. E suppongo che quella persona stia facendo lo stesso con me e che, nel procedere della nostra relazione, l'idea che abbiamo l'uno dell'altro si modificherà e si consoliderà secondo quel che diremo e faremo, come mosse su una scacchiera.

Spesso però seguiamo regole opposte e, come Gossage e Vardebedian, ci ritroviamo a giocare partite diverse. Per esempio, alcune persone pensano a me come politico, io guardo loro da giornalista. Lo stesso accade ai miei ospiti in studio tra di loro: preconcetti e schemi interpretativi intorbidano già dall'inizio le acque della comunicazione.

Fino a pochi decenni fa, la questione era, o sembrava, più semplice. In molti contesti si riteneva che per sapere tutto del tuo interlocutore bastasse conoscerne la famiglia di origine, o il lavoro svolto, al limite il partito di appartenenza. La società liquida, o perlomeno frammentata, ha complicato le cose, e alle identità multiple corrispondono multipli problemi di comprensione reciproca. Come orientarsi?

C'è chi è ancora capace di semplificare. Secondo la mia amica J., per esempio, se non presumi che gli altri siano in buona fede, sei in grado di prevenirne le mosse. Questo è pessimismo, ma è vero che la cautela, nelle relazioni umane, può aiutare a indovinare i possibili comportamenti. Se confido un segreto, questa persona lo custodirà o lo tradirà? Se chiedo di farmi da tramite, porterà avanti con convinzione le mie richieste o si rivelerà inefficace o controproducente? Se la introduco in un ambiente, sarà all'altezza o mi farà fare brutta figura o, peggio ancora, cercherà di scalzarmi dal mio stesso giro di frequentazioni? Un modo per rispondere a queste domande, che nella vita sociale ci poniamo di continuo, è cercare d'indagare l'universo di riferimento del nostro interlocutore. Cosa fa di lui o lei quello che è? Le sue letture? Le sue amicizie? I suoi amori? La rabbia che prova o la serenità che le sue relazioni gli hanno istillato? Il suo rapporto con la religione? Con la sua famiglia? Con la politica? Il suo senso di appartenenza alla nazione in cui è nato? O a quella che lo ospita?

A ben vedere, le risposte a queste domande non ci danno solo un orientamento per capire il prossimo. Non servono solo a comunicare, né solo a definire l'identità. Sono alla base di un concetto cui nei talk show si fa spesso riferimento, non sempre a proposito. Un concetto che spesso risulta più chiaro nei romanzi, perché si incarna in personaggi che ne diventano emblematici. Quello di «popolo».

Capire il popolo

Credo che C., un mio amico pastore, sia benestante. Fa un lavoro faticosissimo, e lo porta avanti allo stesso modo dei suoi avi, alzandosi col buio, camminando ore, lavorando il latte all'ovile. Ha un nipote che frequenta le medie, e che una sera durante uno spuntino in una gola della Barbagia ci intratteneva con brillanti racconti della sua giornata in classe. Un po' di goliardia, molta spiritosaggine, e tutti noi a ridere e scherzare. Anche C. rideva, ma a un certo punto si è fatto serio, gli ha preso il braccio e gli ha detto: «Ricordati che a scuola si va per studiare».

È un uomo del popolo, C.? Decisamente sì. Corrisponde a un'idea ormai comune di popolo, pensato come una massa indistinta e rabbiosa a cui importa poco della cultura? No.

E io, sono un uomo del popolo? Tecnicamente, sono un borghese, ma questo vuol dire poco. Di certo non basta la classe sociale a definire l'appartenenza al popolo.

Prendiamo Rossella O'Hara, la protagonista di *Via col vento*, figlia dell'alta borghesia terriera. Quando la guerra la costringe a spogliarsi dei suoi privilegi e fa di lei una «popolana» allora emergono il suo pragmatismo, le sue doti di osservazione, resistenza, strategia. La sua casa, la sua terra, il suo uomo (o quello che ritiene essere suo): Rossella giura che si riprenderà tutto, perché «domani è un altro giorno». E così ragiona chi sa combattere, *chi viene dalla strada*, si direbbe oggi. Chi è obbligato dalla vita a raggiungere un fine, e sa che per ottenerlo bisogna utilizzare la testa.

In questo senso Rossella, per parafrasare Flaubert, siamo tutti noi. La classe sociale o il luogo di nascita certo non esauriscono la nostra identità, anche perché la maggior parte di noi ha radici miste: io, per esempio, sono nato a Roma e mi sento romano, ma mi sento anche profondamente sardo e nuorese, come mio padre, e sono anche di Cortona, il paese dei miei nonni materni, dove mi sono sposato e mio padre riposa; e in ogni caso mi sento europeo, mediterraneo, e aspiro a essere cittadino del mondo, da sempre e per sempre. Secondo un ex presidente degli Stati Uniti, sono pure messicano.

La politica, non solo quella di oggi, ama molto il concetto di popolo e ne fa largo uso. Il risultato è un'ampia retorica che per guardare la foresta rischia di perdere di vista gli alberi. A me, che la mia idea di popolo me la sono fatta basandomi non su un'ideologia, ma sulla lettura degli autori che man mano incontravo andando avanti negli studi, affascina l'idea di darne una definizione dinamica. Propongo quindi di pensare al popolo come a un movimento, o una posizione da prendere, individuando come uomo o donna del popolo chiunque abbia la necessità o avverta l'urgenza di cambiare il proprio destino. È del popolo chi ha bisogno, o fame, di opportunità.

E questo nei romanzi si vede benissimo.

Il povero Gesualdo e gli altri

Quanti colleghi abbiamo, tutti noi, quale che sia la nostra occupazione, che sacrificano ogni aspetto della vita per avere successo nella propria attività? Può essere sete di successo o di denaro, o solo di gratificazione. C'è chi li odia, chi prova pena per loro, chi li ammira e stima. Io non farei le stesse scelte, ma provo empatia per loro. Bisogna avere una vera necessità per essere disposti a dare tutto in cambio. E chi siamo noi per giudicare quello di cui gli altri hanno bisogno?

In qualche misura io ho voluto bene a mastro-don Gesualdo. Giovanni Verga lo ha disegnato come un uomo che sacrifica l'intera vita al lavoro. Anzi, al successo economico, all'accumulazione di beni, di proprietà. Gesualdo è mastro perché nasce muratore, poi diventa don, perché fa i soldi e si trasforma in imprenditore, poi proprietario terriero, poi marito di una donna di una classe sociale superiore alla sua, che non lo accetterà mai, a partire dalla tristissima prima notte di nozze. E l'indifferenza, il sottile disprezzo della moglie saranno anche di Gesualdo: nessuna delle donne di casa lo apprezza. Lui continua a lavorare indefessamente e all'idea del miglioramento sociale, attraverso il lavoro e il matrimonio, sacrifica ogni affettività, anche quella della figlia. Finendo per raccogliere la stessa freddezza che ha seminato, per incomprensione e per ossessione più che per cattiveria.

Verga come pochi altri sa parlare del popolo, e di come il tempo lo trasformi e lo trascini. I suoi personaggi sono i poveri che lottano per diventare ricchi, i benestanti che diventano poveri. I lavoratori che si sacrificano una vita per salire, i loro figli che perdono la ricchezza precipitando. I nobili che sposano i nuovi ricchi offrendo titoli in dote. Quando Gesualdo muore, i servitori gli guardano le mani e dicono: «Son le mani che hanno fatto la pappa». Ma la pappa che fine fa?

Di certo la pappa non gli ha portato la felicità, se già gravemente malato si sente in soggezione in casa della figlia: «Da per tutto cortinaggi e tappeti che non si sapeva dove mettere i piedi – sin dallo scalone di marmo – e il portiere, un pezzo grosso addirittura, con tanto di barba e di soprabitone, vi squadrava dall'alto al basso, accigliato, se per disgrazia avevate una faccia che non lo persuadesse, e vi gridava dietro dal suo gabbione: "C'è lo stoino per pulirsi le scarpe!". Un esercito di mangiapane, staffieri e camerieri, che sbadigliavano a bocca chiusa, camminavano in punta di piedi, e vi servivano senza dire una parola o fare un passo di più, con tanta degnazione da farvene passar la voglia. Ogni cosa regolata a suon di campanello, con un cerimoniale di messa cantata – per avere un bicchier d'acqua, o per entrare nelle stanze della figliuola».

Gesualdo lavora come un pazzo, cerca di fare le scelte giuste per sé e per gli altri, accumula proprietà ma non c'è amore nella sua storia. Per questo è un vinto, come molti altri protagonisti dell'epopea verghiana che si pongono, ma non certo scherzosamente, la domanda che mi ponevo io: Come posso cambiare il mio destino? Spesso non possono, e non perché sarebbe sbagliato farlo. Non ce la fanno: corrono, corrono, e non arrivano al traguardo. Per Verga il progresso è un «cammino fatale, incessante, spesso faticoso e febbrile che segue l'umanità [...] grandioso nel suo risultato, visto nell'insieme, da lontano». Se invece abbassi lo sguardo, ci fanno capire i suoi romanzi, ti accorgerai di quanti vinti l'onda del progresso abbia sbattuto sulla riva del fiume, uccidendoli o anche «solo» condannandoli a una vita di stenti.

È questo sentimento di empatia nei confronti del *popolo* a essermi piaciuto, quando ho letto Verga. Lo stesso motivo per cui ho amato studiare altri romanzi europei dell'Ottocento, a partire da quelli del maestro della *Comédie humaine*, Honoré de Balzac. Sono storie che di per sé non definiremmo certo romantiche: non esplorano solo, o primariamente, i sentimenti dei personaggi, ma i contesti sociali, la relazione con il loro tempo, in senso lato la posizione politica – se la politica è comunque l'arte della convivenza. Chi è papà Goriot, il protagonista dell'omonimo romanzo? Un fabbricante di vermicelli, un piccolo borghese che tenta di migliorare la propria posizione lavorando sodo e accumulando denaro, ma soprattutto un padre rifiutato dalle sue figlie, che vorrebbe vedere felicemente maritate ma che pensano solo a spremergli quanto più denaro possibile. E così il romanzo è uno spaccato di società francese dell'epoca, con le sue enormi divisioni tra i pochi ricchi e la massa dei poverissimi, ma è anche l'eterna storia di come spesso amiamo, e veniamo amati, male.

Ho letto con piacere molti autori dell'Ottocento perché scrivono per capire. Si interrogano, cercano soluzioni. Sono obbligati a pensare. Émile Zola, capofila del naturalismo, postulava addirittura un metodo scientifico, nel suo *Il romanzo sperimentale*: incrociando un patrimonio ereditario, un ambiente di vita e un momento storico, è possibile costruire i personaggi e farli agire, per poi studiarne come scienziati i comportamenti e le reazioni. Per un'autrice dalle molte sfumature come George Sand – che in realtà si chiamava Amantine ma scriveva con uno pseudonimo maschile perché era difficile per le donne pubblicare e farsi prendere sul serio – il romanzo era anche uno strumento di lotta sociale, e molte sue storie portano avanti, dietro le vicende amorose della trama, idee precise sullo scontro e la convivenza di classe. Sull'altra sponda della Manica Jane Austen, resa ai nostri giorni popolarissima da film e serie tv basati sui suoi romanzi, con opere come *Orgoglio e pregiudizio* racconta magistralmente la condizione della donna nella società borghese del suo tempo. (Ma qui devo ammettere che scrivo senza avere conoscenza diretta: Zola e Sand li ho solo studiati, e Jane Austen, come d'altronde le sorelle Brontë, è una passione di mia moglie, non mia.)

Sempre lo scontro e l'alternanza tra le condizioni sociali fa da sfondo ai drammi umani dei personaggi del *Gattopardo*, il capolavoro di Giuseppe Tomasi di Lampedusa. Un libro che ho amato, come pure il film. Il principe di Salina guarda la società mutare, e a suo parere non in meglio, mentre i Salina sposano la loro prole con quella degli affaristi come Sedara: «Noi fummo i Gattopardi, i Leoni; quelli che ci sostituiranno saranno gli sciacalletti, le iene; e tutti quanti Gattopardi, sciacalli e pecore continueremo a crederci il sale della terra». È un trasformarsi violento, veloce, quello che saluta il nuovo Regno d'Italia, ma è un cambiamento in fondo inutile, come enuncia la frase più famosa del romanzo: «Se vogliamo che tutto rimanga come è, bisogna che tutto cambi». È come se lo scrittore avesse formulato una volta per tutte la legge che da sempre sembra regolare le metamorfosi nel nostro Paese; tutto cambia, e tutto resta, inesorabilmente, uguale. In particolar modo il destino del popolo.

Non c'è un solo tipo di letteratura capace di farci capire, è ovvio. Émile Zola e Paul Verlaine erano coetanei e hanno raccontato lo stesso mondo, ma in maniera molto diversa (conducendo esistenze molto diverse, peraltro). Tuttavia, il crocevia tra destino del singolo e destino del popolo è uno dei luoghi comuni alla grande letteratura. Se caratteristiche e futuro di una persona non possono essere determinate solo dalla classe sociale, o dal contesto, è però vero che quella persona e i suoi sentimenti, senza il contesto, non li capisci.

Non si potranno mai vivere abbastanza vite da conoscere davvero se stessi, figuriamoci il popolo. Non si potrà mai esplorare di persona la molteplicità delle posizioni, delle situazioni e dei punti di vista. Per questo i romanzi aiutano: sono vite prese in prestito.

Chi vuol esser popolare

È di destra o di sinistra, il popolo?

Io penso che sia di sinistra chi vuole aumentare le opportunità di chi non ne ha, e sia di destra chi vuole conservare le opportunità che la società offre nel determinato momento storico in cui vive. Aumentare le opportunità vuol dire di certo migliorare le possibilità economiche, ma vuol dire anche accrescere le conoscenze: dare al popolo (anche) più narrazioni, più idee, in una parola più cultura e più libri. Perché se cerchi di cambiare il tuo destino, ma combatti con la testa vuota, ti puoi trovare a vincere la battaglia sbagliata.

Le contrapposizioni anche violente che segnano il nostro tempo sono spesso un problema di ignoranza. Per accettare gli altri devi essere molto sicuro di te, e per essere sicuro di te devi aver conosciuto più mondo possibile, per approfittare delle opportunità che l'apertura mentale crea. Le occasioni ci sarebbero e le offre la scuola, col percorso e le letture giuste per formarti e, eventualmente, appassionarti. Se le occasioni non vengono colte, mettersi in gioco in un mondo disincantato, in una società così aperta da legittimare altri credo, altri linguaggi, altri orientamenti politici e sessuali può creare insicurezze e tensioni.

Il mio compagno di università O., da sempre uomo di destra, mi spiegava durante la pausa di un dibattito: «L'egemonia culturale, in questi tempi, è nostra: la gente è di destra, sono di destra i ragionamenti e i comportamenti più diffusi. L'anomalia, di questi tempi, è il ragionamento di sinistra».

Sono d'accordo con lui, sempre che si intenda per «destra» un conservatorismo reazionario, basato sul timore del nuovo e del diverso. È vero, la cultura di sinistra non è affatto maggioritaria. Il mito dell'egemonia culturale della sinistra nasce probabilmente dall'idea malintesa che gli intellettuali riescano ancora a orientare l'opinione pubblica. Ma se determinati intellettuali votano a sinistra, in realtà questo non incide sul pensiero della maggioranza del Paese, come è evidente.

L'espressione «la destra, oggi, è più popolare» però non significa molto. Forse significa solo che, tra quelli che votano, raccoglie qualche consenso in più degli altri.

Popolare è un'altra cosa.

Dopo la Seconda guerra mondiale, chiusa la tragica esperienza fascista, la realtà popolare è esplosa tanto al cinema (De Sica, Rossellini, Visconti) quanto nella letteratura resistenziale (Vittorini, Pavese, Fenoglio). Sono state, le loro, grandi narrazioni del nostro Paese, della sua macro- e micro-storia, di uno spaccato di tempo. «La storia siamo noi», sì, ma io ho sempre amato soprattutto Pier Paolo Pasolini, che ha mischiato le carte ben bene, con coraggio e sfrontatezza.

Quando andavamo a mangiare a Pietralata, al Gallo Rosso, vedevamo appese al muro della pizzeria le foto del regista, e mi ha sempre colpito il fatto di abitare a due passi dal mondo raccontato in *Ragazzi di vita*. Avevo perciò visto molti suoi film, ma ho scoperto il Pasolini scrittore e poeta leggendo per caso *Il Pci ai giovani!!* Sono versi scritti nel 1968, rivolti ai giovani manifestanti che avevano cercato di «riconquistare» la facoltà di Architettura sgomberata dalla polizia dopo giorni di occupazione. Ci furono duri scontri con i poliziotti, e nella sua poesia Pasolini si schiera con questi ultimi:

> Avete facce di figli di papà.
> Buona razza non mente.
> Avete lo stesso occhio cattivo.
> Siete paurosi, incerti, disperati
> (benissimo) ma sapete anche come essere
> prepotenti, ricattatori e sicuri:
> prerogative piccoloborghesi, amici.
> Quando ieri a Valle Giulia avete fatto a botte
> coi poliziotti,
> io simpatizzavo coi poliziotti!

Sono loro, dice Pier Paolo, il popolo. Loro i poveri che hanno fatto la fame in famiglia, che arrivano dalle periferie o dalle campagne, che guadagnano poco e mangiano male, che si caricano dell'odio della gente e «hanno vent'anni, la vostra età», fa notare ai giovani manifestanti.

Chi rappresenta le masse, chi viene dalla strada? Chi è vero e chi è sofisticato? Chi è popolo e chi no?

Per i leader populisti la risposta è facile: popolo è quello che ti dà ragione, nemico del popolo è chi ti dà torto. Se i primi sono più dei secondi, ecco qua: quello popolare sono io. Lo spirito critico, in questi anni di comunicazione semplice, è stato bollato da tutti, da destra a sinistra, come il pensiero del nemico. Casta, élite, professoroni, comunisti, anti-italiani, amici di Putin, amici delle banche, invidiatori seriali: chiunque abbia espresso un dubbio è stato marchiato a fuoco dalla maggioranza politica del momento. Ma la realtà è ben diversa, e individuare il popolo, o se non altro il proprio popolo, non è un compito semplice. Forse è un compito impossibile.

Di certo lo è se non si chiarisce un grande malinteso alla base del dibattito attuale. Sta passando l'idea che sia popolare, tipica del popolo, la risposta emotiva, di pancia, di rabbia. A mio parere, e nella mia formazione, è invece tipico del popolo il ragionamento fine, il pragmatismo istintivo, il saper attingere a un'esperienza tramandata per adattarla ai tempi e alle situazioni. È popolare la saggezza, la logica («Non dire mai: di quest'acqua io non ne bevo» ammonisce *s'ac-*

cabadora di Michela Murgia). Ed è popolare l'amore per il sapere, motivo per cui i nostri nonni si spezzavano la schiena perché i figli potessero andare a scuola, e non spezzarsela più.

Quand'è che sognare, realizzarsi e farsi una cultura sono diventati concetti separati? Dovunque si sia prodotto questo errore, è tempo che tornino a unirsi.

Un popolo per due scrittrici

Se dovessi indicare due romanzi sul popolo e sulla sua emancipazione – o sull'impossibilità di questa emancipazione – probabilmente sceglierei *L'arte della gioia* e *Canne al vento*. Due autrici diversissime come Goliarda Sapienza e Grazia Deledda.

Goliarda Sapienza era una donna incredibile: non era nemmeno andata a scuola perché il padre, avvocato socialista, temeva che venisse contaminata da idee fasciste (era nata nel 1924). Intraprese una carriera di attrice, che poi lasciò per diventare scrittrice. Femminista convinta, dalla vita tormentata, finì anche in carcere per furto, e sul tempo trascorso là dentro scrisse *L'università di Rebibbia*, sostenendo di essersi sentita più compresa dalle sue compagne di reclusione che dalla società in cui aveva fino a quel momento vissuto. Il suo *L'arte della gioia*, scritto a mano e finito nel 1976, rimase inedito per quasi vent'anni, poi divenne un romanzo di culto, soprattutto grazie all'impegno del secondo marito (Angelo Maria Pellegrino, un raffinato intellettuale molto eclettico, se pensate che lo avete conosciuto nei panni del geometra Vannini nella saga di Fantozzi). La protagonista Modesta (un nome, un ossimoro), libera e spregiudicata, è una donna che lotta per sopravvivere e affermarsi in un tempo – e in un Sud – che con le donne non è generoso. Nasce in un tugurio, diventa principessa.

Incidentalmente, è proprio nei Millelire che ha visto la luce, solo due anni prima della morte dell'autrice, la prima parte del romanzo; l'integrale lo avrebbe pubblicato quattro anni dopo Stampa Alternativa. Io proprio come Millelire lo avevo acquistato e non mi era piaciuto abbastanza da passare all'opera completa, lo avevo trovato ideologico, in parte didascalico, con una protagonista talmente idealizzata da non essere attraente. Eppure, quelle pagine mi sono rimaste in testa e quella protagonista mi è risultata così indimenticabile che, anni dopo, il romanzo me lo sono letto tutto. E devo riconoscere che nessuno più di Goliarda Sapienza ha saputo descrivere la determinazione, nel cercare una via d'uscita dalla propria condizione, che può animare una persona messa alle strette dal destino, o dalla povertà. Modesta ha fame di opportunità, e ragiona come ragiona (davvero) una figlia del popolo: pragmatica, coraggiosa, spregiudicata. Combatte il sistema che la condanna, con profondità, furbizia, intelligenza. E questo romanzo regala una delle frasi più significative che io abbia mai letto: «Mai rifiutarsi di vedere i lati sgradevoli della vita; non conoscendoli la realtà li ingigantisce nella fantasia trasformandoli in incubi incontrollabili».

Anche *Canne al vento* l'ho letto con colpevole ritardo, perché ero un po' prevenuto: una mia cara amica sarda (scandalo!) non amava questa scrittrice e mi aveva convinto a trascurare l'unica italiana Premio Nobel per la letteratura pur nelle mie letture forsennate del periodo di disoccupazione. È stato nel centocinquantesimo della nascita, il 2021, con le sue celebrazioni, che l'ho recuperata.

Canne al vento, lo ammetto, me lo aspettavo noioso. E invece il personaggio di Efix mi ha conquistato. Il lavorante della nobile famiglia Pintor, che passa la vita a cercare di sistemare gli affari delle sue tre datrici di lavoro, è una persona perbene tanto quanto l'altro uomo della situazione, il nipote delle donne, don Giacinto, è un uomo terribile. E se loro incarnano due possibili versioni del maschio, non c'è dubbio che le tre sorelle Pintor, Noemi, Ester e Ruth (e la quarta, Lia, che, come l'ultima figlia dello shakespeariano re Lear, è quella «irregolare», ribelle fin da giovane al padre violento), corrispondano a tre possibili sfumature della femminilità. La nervosa e affascinante Noemi, la materna Ester e la fragile Ruth sono tutto il mondo di Efix, che per loro arriva a uccidere e che espierà le sue colpe in un finale corale e popolare che è una delle più belle scene della letteratura. I più sprovveduti, amanti di Pietro Germi come me, potrebbero trovare persino delle impossibili corrispondenze con *Sedotta e abbandonata*. Di certo quella nenia sarda sembra di sentirla, forse l'ho pure sentita, chissà.

Grazia Deledda, benestante, con un'istruzione ampia per una donna nuorese del suo tempo e la possibilità di scrivere e di corrispondere con scrittori, persino candidata al Parlamento quando l'Italia era ancora un Regno, è molto diversa da Goliarda Sapienza. Ma entrambe, secondo me, hanno saputo fotografare l'anima del popolo, o almeno del popolo che immagino io.

Quello che si adopera per vivere, e che cerca di migliorarsi.

8

La vita in un libro

Quando con babbo e mia sorella Daniela scorrazzavamo con le biciclette noleggiate nel parco di Villa Borghese, mio padre a un certo punto ce le faceva appoggiare per terra e ci invitava ad attraversare i cespugli, per uscire dalla strada conosciuta, inventando avventure a chilometro zero che sono sempre rimaste incise nella nostra mente e nel nostro cuore. Credo sia stata una matrice del pensiero parallelo che poi tanto abbiamo amato.

Quando erano piccoli ho sempre cercato di portare i miei figli un centimetro oltre il confine, perché potessero sbirciare cosa c'era oltre il divieto. Spero che questo li spinga a non fermarsi davanti ai muri.

Per scrivere il romanzo *Il Gioco*, un giallo in cui gli indizi sono sparsi nel panorama letterario del Novecento, sono tornato per un anno e più a lezione da mia madre, e lei mi ha rispiegato autori e opere indimenticabili, che avevo in realtà quasi dimenticato. Finita la nostra ora e mezza il giovedì pomeriggio la sua collaboratrice domestica mi chiedeva scherzosa: «Quanto hai preso oggi?». Sembrava passato un giorno da quando studiavo per la maturità, ed è come se si chiudesse un cerchio, da quegli anni e da quelle letture.

Nell'*Insostenibile leggerezza dell'essere* Milan Kundera scrive che«la vita umana si svolge una sola volta, e quindi non potremo mai appurare quale nostra decisione sia stata buona e quale cattiva, perché in una data situazione possiamo decidere una volta soltanto. Non ci viene data una seconda, terza o quarta vita per poter confrontare diverse decisioni. [...] *Einmal ist keinmal.* Quello che avviene solo una volta è come se non fosse mai accaduto. [...] La storia è leggera al pari delle singole vite umane, insostenibilmente leggera, leggera come una piuma, come la polvere che turbina nell'aria, come qualcosa che domani non ci sarà più».

Ogni scelta che si compie nella propria esistenza sarebbe quindi irrilevante, perché la vita, muovendosi, non permette di misurarla, né di ripeterla. Ne consegue che le scelte sono leggere ma anche insostenibili, perché drammaticamente prive di significato.

Kundera è forse il mio autore preferito, proprio perché sa fotografare la paradossale leggerezza del vivere. Ma la sua stessa opera è la dimostrazione che la leggerezza non impedisce alle cose che contano di avere valore. Anzi, ha il potere di tramandarle e di renderle, in questo modo, eterne. Attraverso la memoria.

Alla letteratura della memoria bisogna però accostarsi con rispetto, perché è spesso anche letteratura della tragedia. *Il diario di Anna Frank*, *Se questo è un uomo* di Primo Levi, sono opere che leggiamo a scuola. I bravi professori sanno come farcele comprendere, l'ho sperimentato quando mio figlio minore era alle medie e li affrontò entrambi. Ma se anche un giovanissimo studente, in quel momento, non è del tutto in grado di capire, può restare colpito, e cominciare a riflettere.

Primo Levi, un uomo perseguitato, rinchiuso ad Auschwitz, costretto a sopportare ogni indegnità, ridotto in fin di vita, un uomo che ha testimoniato l'abominio peggiore che l'umanità ricordi, proprio per il suo impegno di testimonianza ha fatto della chiarezza espressiva una missione. «A molti individui, o popoli, può accadere di ritenere, più o meno consapevolmente, che ogni straniero è nemico. [...] La storia dei campi di distruzione deve venire intesa da tutti come un sinistro segnale di pericolo» scrive. Testimoniare, conservare la memoria, significa farsi capire attraverso le generazioni. Al tempo delle mie letture scolastiche lo avevo intuito, ma quando ho visitato a Gerusalemme Yad Vashem, il museo dell'Olocausto, mi ha colpito fino in fondo. Ricordavo male? Davvero mi era stato chiaro il suo messaggio, davvero avevo colto tutto? Come poteva quel libro aver spiegato a un ragazzino una mostruosità come la Shoah? D'altra parte lo dice lui stesso, sempre in *Se questo è un uomo*: «Se comprendere è impossibile, conoscere è necessario».

Ho ripreso in mano *Se questo è un uomo* e altri libri di Primo Levi, e ho riscoperto una scrittura che scorre, che non pesa, che va al cuore delle cose. Ho riscoperto pagine sull'essere umani, e su quanto è sempre vicino l'abisso del disumano. Approfondendo, ho letto che secondo molti critici la chiarezza e l'essenzialità della prosa di Levi venivano anche dalla sua formazione di chimico: spesso è citato un altro suo libro che in genere non si studia a scuola, *Il sistema periodico*. È uno scrigno di ricordi e racconti ciascuno dei quali ruota intorno a un elemento. Leggete questo pezzetto dal racconto *Nichel* (Primo Levi lavorò brevemente in una cava di nichel, quando era fresco di laurea): «La pietra no: non accoglie energia in sé, è spenta fin dai primordi, pura passività ostile; una fortezza massiccia che dovevo smantellare bastione dopo bastione per mettere le mani sul folletto nascosto, sul capriccioso nichel-Nicolao che salta ora qui ora là, elusivo e maligno, colle lunghe orecchie tese, sempre attento a fuggire davanti ai colpi del piccone indagatore, per lasciarti con un palmo di naso».

Primo Levi, che ha vissuto l'orrore e che concluderà la sua vita con un suicidio, riusciva a essere lieve, nell'osservare il mondo, anche inanimato, e nel renderlo vivo con la sua scrittura.

Usava la leggerezza per raccontare la profondità: e forse è proprio questa, la chiave per far pace con la nostra vita e con la nostra memoria.

Leggeri e non

«Leggerezza» è una parola molto bistrattata. Dimentichiamo spesso che è il contrario di «pesantezza», non di «profondità». Leggerezza non è non avere un bagaglio culturale, è non trattare la cultura come un bagaglio.

Con una coppia di amici, quando ero ancora al Giornale Radio, andammo a trovare un collega di un tg, che stava a Bari già da qualche mese. Era romano e lavorava a Saxa Rubra, ma aveva preso un periodo di aspettativa e si era trasferito nel capoluogo pugliese per seguire la campagna elettorale di un politico nazionale. Qualcosa che succede(va) spesso. Il nostro amico ci accolse, ci portò a fare un giro di Bari vecchia, raccontandoci aneddoti riguardanti ogni vicolo («Qui abita una signora che fa orecchiette eccezionali», «Qui c'è stato uno scippo», «Qui una rissa, qui è nato Antonio Cassano»...) fino a che non arrivammo davanti alla basilica di San Nicola. Lui si fermò spalle alla facciata, la indicò e commentò: «Bella, eh? Si dice che dentro è pure meglio...». Dopo tanti mesi a Bari, la conoscenza di ogni vicolo e mai la curiosità di entrare nella cattedrale? Gli facemmo notare, tra mille risate, la contraddizione e lui commentò: «Anche l'arte va presa con leggerezza...».

La sua, in realtà, era superficialità, non leggerezza. È vero che sdrammatizzare è un modo per avvicinarsi a opere – artistiche, letterarie... – che altrimenti non oseremmo affrontare, ma poi nelle cattedrali bisogna in qualche modo entrarci, anche a costo di non cogliere tutto. Lo scrittore Marcello Fois ha raccontato di aver letto, da ragazzino, tutto il *Conte di Montecristo* senza sapere cosa fosse un abate: è un modo interessante di entrare nelle cattedrali dei classici. Con spirito di avventura, con leggerezza.

«Leggerezza» è il titolo della prima delle famose *Lezioni americane* di Italo Calvino, il ciclo di *lectures* che avrebbe dovuto tenere ad Harvard nell'anno accademico 1985-1986. Morì prima di poterlo fare, ma i testi, preziosissimi, ci sono arrivati. Ciascuna era dedicata a un valore fondamentale della letteratura e il primo era appunto la leggerezza, a seguire: rapidità, esattezza, visibilità, molteplicità, coerenza. Dette così, suonano come ottime qualità da perseguire anche in molti altri campi, non solo nella letteratura.

Secondo Calvino la leggerezza non è superficialità, anzi: è la capacità del poeta di sollevarsi sopra la pesantezza del mondo. Chiunque si sia sentito il cuore pesante sa quanto sia difficile, e anche per uno scrittore è un'impresa. Sempre Calvino: «Il lavoro dello scrittore deve tener conto di tempi diversi: il tempo di Mercurio e il tempo di Vulcano, un messaggio d'immediatezza ottenuto a forza d'aggiustamenti pazienti e meticolosi; un'intuizione istantanea che appena formulata assume la definitività di ciò che non poteva essere altrimenti; ma anche il tempo che scorre senza altro intento che lasciare che i sentimenti e i pensieri si sedimentino, maturino, si distacchino da ogni impazienza e da ogni contingenza effimera».

Mercurio, il Dio della velocità, della destrezza, del commercio e del viaggio. Insieme a Vulcano, il dio della profondità, del fuoco e della forza, della faticosa lavorazione dei metalli. Leggerezza e profondità, insieme. Una combinazione che può far vincere molte battaglie.

Una sera, negli studi di *diMARTEDÌ*, hanno fatto irruzione i fascisti. Detto così sembra un evento drammatico, ma in realtà pareva una riedizione di *Vogliamo i colonnelli* di Monicelli, con Ugo Tognazzi. Nel film, le squadre neofasciste che tentano il colpo di Stato entrano negli studi Rai di via Teulada troppo tardi, a trasmissioni finite, quando è ormai in onda il monoscopio (per i più giovani: una volta, verso le ventiquattro, le trasmissioni finivano e per tutta la notte lo schermo trasmetteva un disegno fisso). I goffi golpisti non riescono quindi a leggere il messaggio alla Nazione del vecchio (e piuttosto rincoglionito) generale.

Anche il gruppo di Forza Nuova era entrato negli studi di *diMARTEDÌ* immaginando di andare in diretta su tutto il territorio nazionale, urlando slogan e sventolando bandiere. Qualcuno aveva il volto coperto. Anche loro però erano in ritardo, ed era già in onda la parte registrata: lo studio era vuoto, c'eravamo io, il regista, qualche autore e gli addetti alla trasmissione.

Ci sono rimasti malissimo. Abbiamo spiegato loro il dettaglio tecnico e li abbiamo accompagnati, consolandoli, all'uscita. Con leggerezza.

Era grave che un gruppo politico tentasse di disturbare con violenza il nostro lavoro? Sì. Era un assalto alla democrazia? No. Spesso, non prendersi troppo sul serio consente di capire meglio, guardando nella giusta prospettiva tante cose, tra cui se stessi.

Quel che non abbiamo letto

Il mio amico T., autore televisivo, è il teorico della «sindrome del sottopancia». Il sottopancia è la grafica che appare in tv sotto il volto dell'intervistato nei primi dieci secondi in cui comincia a parlare. Nome, cognome e professione: lo identifica, dà al telespettatore le coordinate fondamentali. «Una volta la gente si fidava dei sottopancia» spiega T. «Arrivava in trasmissione un ministro? Il pubblico lo ascoltava, lo stava a sentire, perché il suo ruolo era garanzia di importanza, di rilevanza.» Ora, filosofeggia T., quella sindrome non colpisce più il popolo: ai sottopancia non crede più nessuno. «Esiste qualcuno che offre maggiore attenzione o addirittura dà ragione a chi interviene se legge nel sottopancia "sottosegretario"? O se legge "economista"? O "filosofo"? E se vede "Pd", oppure "Fratelli d'Italia", esiste qualcuno che aderisce automaticamente al pensiero dell'esponente del partito che ha votato? Penso che ormai lo facciano davvero in pochi. Si ascolta chi parla, si valuta cosa dice, si vede dove vuole andare a parare e si decide cosa pensarne.»

In compenso, ai sottopancia danno molta importanza alcuni ospiti, che con il loro ruolo si identificano e all'importanza che conferisce – o che ritengono conferisca – tengono eccome. Da qui, nelle nostre riunioni, la frase con cui scartiamo un personaggio presunto autorevole, ma che in realtà non è adeguato al ruolo: «Quello è solo un sottopancia». «Chiacchiere e distintivo» avrebbe detto Robert De Niro.

Una volta registrammo una parte di puntata con un ospite di gran nome: i partecipanti erano cinque o sei, ma lui era il più importante. Mentre registravamo altri blocchi, chiedemmo a una giovane e brillante redattrice di tagliare le parti più inutili di quel dibattito. Lei ci prese in parola, ed eliminò ogni intervento del nostro ospite vip. Ce ne accorgemmo troppo tardi: andò in onda la sua presentazione, i forti applausi che accompagnarono il suo ingresso in studio e poi più nulla. Scomparve dal dibattito. Non ricordo come riuscimmo a scusarci.

Senza dubbio non c'è più un titolo che garantisca autorevolezza, a nessuno di noi.

Ormai si è capito che i ruoli possono essere ricoperti da persone di valore come da persone che ne sono prive. E d'altra parte vale sempre la legge fondamentale teorizzata dall'economista Carlo Cipolla: «La probabilità che una certa persona sia stupida è indipendente da qualsiasi altra caratteristica della persona stessa». Anche tra i premi Nobel, immaginava lo studioso, troverai la stessa quantità di stupidi che in qualsiasi altro contesto.

Umberto Eco, che con gli stupidi non aveva alcuna pazienza, aveva l'abitudine di prendersi gioco di chi, entrando nella sua biblioteca di oltre quarantamila volumi, esclamava ingenuamente: «Wow! Li ha letti tutti?». «No, questi sono quelli che devo ancora leggere» rispondeva il semiologo. E in effetti, probabilmente, parte di quei libri non li aveva letti, e comunque esistevano inevitabilmente libri che Umberto Eco, uno degli uomini più colti del nostro tempo, non aveva letto.

Proprio dopo un incontro con Eco nella sua biblioteca il saggista Nassim Taleb, autore del bestseller *Il cigno nero* sulle possibilità dell'inatteso, postulò la creazione di una «antibiblioteca», in cui contenere i libri non letti, metafora dell'importanza che dobbiamo dare a ciò che ancora non conosciamo. L'idea mi è parsa interessante anche perché nella mia vita, finora, ho letto pochissimo. Di quel poco che ho letto, molto ho dimenticato. Di quanti autori che penso di conoscere in realtà conosco ben poco? Perciò mi consola questa idea che libri che non abbiamo ancora affrontato potrebbero essere comunque fondamentali, per la nostra cultura e per la nostra formazione. I libri che desideriamo, o viceversa quelli che temiamo, dicono qualcosa di noi esattamente come lo fanno quelli che leggiamo o che abbiamo letto.

Non essere, potremmo chiosare tanto per far indispettire Amleto, è importante quanto essere. Magari un giorno lanceremo l'antisottopancia per i nostri ospiti: scriveremo ciò che non sono, o che non sono stati.

Guardando la mia biblioteca mi chiedo quanti sono i libri che ho dimenticato. Forse tutti: spesso confondo gli autori, le trame, i personaggi e mi riferisco a un romanzo, ma in realtà sto pensando a un altro titolo. Concetti, individui e vicende delle pagine che ho avuto tra le mani si mischiano in quello che in fondo potrebbe essere il libro perfetto. Il testo essenziale.

E forse a questo punto ho capito come il demone sceglie i volumi da mangiare. Distrugge quelli che ho paura di dimenticare. Che ho paura di non ritrovare più lì, quando allungo la mano, a raccontarmi cosa ho pensato e sognato, cosa ho fatto e chi sono.

Quel che leggeremo

Ho riscoperto, sbirciando una versione su cui mio figlio maggiore si esercitava in vista della maturità, una citazione dall'*Ars poetica* di Orazio: «*Omne supervacuum pleno de pectore manat*» (che in sostanza significa che la mente umana non trattiene il superfluo).

Forse, come sosteneva il mio amico R. (quello che non ama i bambini), «si poteva anche smettere di scrivere dopo i Romani: il più era stato capito».

E forse invece no, sentite questo: «Si deforma il passato, si fa vecchio, / appartiene ad un altro...». (Montale. Indubbiamente è valsa la pena di continuare a scrivere.)

A volte mi chiedo a chi appartenga, il mio passato.

Qualche tempo fa, a una cena di amici, si parlava di una trasferta al seguito della Roma in una Coppa europea, inizio anni Novanta. Principato di Monaco, partita persa, cerchiamo di entrare nell'albergo della squadra per contestare il mister Ottavio Bianchi. A quanto pare, provai a entrare spacciandomi per il figlio del secondo portiere della Roma e fui allontanato malamente dal primo portiere dell'albergo.

Una fesseria, ma il punto è che non ne avevo alcun ricordo. A pensarci bene era un racconto plausibile, pensando a com'ero in quegli anni. Davvero sono stato anche quello?

Quando qualche conoscente, o mia moglie, o un collega, o un familiare, mi ricorda un momento del passato, mi perdo affascinato. Mi verrebbe da dirgli: Quando hai un attimo, mi ricordi chi sono?

Sono andato di recente al concerto di Vasco Rossi, uno dei miei artisti preferiti. Ci sono cresciuto, è stata la colonna sonora di molti passaggi importanti della mia vita. Ascoltavo *Albachiara* quando ero un ragazzino ospite di una famiglia inglese, *Senza parole* quando preparavo l'esame da giornalista. Mi aspettavo di cantare per tutto il concerto, ma in realtà molte delle canzoni non le conoscevo affatto: mi ero fermato più o meno al 2000. Il tempo era passato, e Vasco Rossi non coincideva più con me. Lui mi aveva formato, ma quando io avevo deciso che la mia forma era compiuta lui aveva continuato, il mio tempo si era sfasato rispetto al suo. Vasco Rossi non è quello che immagino io. È molto di più, o almeno è qualcosa di diverso.

La vita, l'ho detto, secondo me porta a muoversi in orizzontale, in avanti, a senso unico. Ricordare che c'è un *prima* deconcentra, e fa venire i brividi. Si rischia di guardare sotto i propri piedi e scoprire che, come Willy il Coyote, il burrone lo abbiamo superato già da un po' e stiamo correndo sul nulla. Anche per questo servono i libri: perché espongono a una linea verticale, a un passato, a una memoria, ma lo fanno gradualmente, in sicurezza. Non è la mia memoria personale, ma un substrato collettivo cui attingere.

I libri fanno comodo quando ci sentiamo mancare il terreno sotto i piedi, incerti su dove stiamo andando e persino su chi siamo. Ci spiegano che non succede solo a noi, ci riportano su un terreno sicuro, male che vada ci danno qualcosa cui aggrapparci. E quando va bene, ci aiutano a sollevarci sopra gli eventi.

Ci canta Elsa Morante, in quella poesia insieme leggera e profonda che è *La canzone degli Infelici Molti e dei Felici Pochi*.

Sappiàtelo, o padri meschini I(nfelici) M(olti) d'ogni paese:
se ancora il corpo offeso dei viventi resiste
in questo vostro mondo di sangue e di denti
è perché passano sempre quelle poche voci illese
con le loro allegre notizie.
Contro le vostre milizie sevizie immondizie
imprese spese carriere polveriere bandiere
istanze finanze glorie vittorie sciarpe littorie & sedie gestatorie
contro la vostra sana ideologia la vostra brava polizia
ghepeù ghestapò fbi min-cul-pop ovra rapp & compagnia
e tutta la vostra mortuaria litania
ci vale solo quell'unica eterna scaramanzia:

l'allegria
dei F(elici) P(ochi)

Conclusione

Ultimi dieci minuti della partita, metà degli anni Ottanta.

Campo in pozzolana, sotto il diluvio.

Perdiamo 1 a 0, ultimi secondi per recuperare.

Magliette appesantite dall'acqua, pubblico inferocito, arbitro terrorizzato.

Il mister chiama P. dalla panchina: «Alzati, entri in campo».

«Dove mi metto, mister?»

«Gioca, e non rompere il cazzo.»

Non vi dico che P. segnò, né che recuperammo la partita. Ma quello scambio mi è sempre rimasto in mente. Ci sono momenti in cui tutto è detto, e tutto è sottinteso. Forse, nella vita, sono molti più di quelli che pensiamo.

E probabilmente l'identità è qualcosa che strutturi nei momenti in cui ti muovi in verticale, ma che metti alla prova e scopri quando ti muovi in orizzontale.

Povero demone, rischia di aver lavorato inutilmente.

Ormai l'ho capito: basta leggere un libro perché ti

lasci il suo essenziale. Inutile poi impilarli in uno scaffale, spolverarli, lucidarli. Dopo letto, potremmo anche regalarlo, e forse dovremmo farlo.

Il demone mi guarda, sa che io so. Sa che non lo inseguirò più, e si ferma, proprio mentre stava per azzannare di nuovo Kundera.

Fai pure, demone, *Lo scherzo* non mi serve, ha già cambiato direzione alla mia vita.

Ma perché adesso il suo sguardo è mutato?

Perché continua a fissarmi?

Salta giù dallo scaffale, corre rasente al muro, si piazza vicino alla porta, si rannicchia e ride, malevolo, pronto a fare un balzo. Ora fa davvero paura. Cosa vuole?

Si rizza in piedi, gira la testa dall'altra parte della stanza.

Punta lo scaffale dei libri ancora da leggere.

Digrigna i denti, tende i muscoli, sta per scattare.

Torna la paura e mi preparo a lanciarmi al salvataggio. Ma al salvataggio di cosa? Come li scelgo i libri da salvare, tra quelli che non ho letto? Da quale può arrivare la storia più utile per capire la vita com'è ora e immaginarmi un futuro?

Cosa è essenziale, in ciò che ancora non conosco?

Capisco in un lampo che se mi pongo questa domanda rimarrò paralizzato, come il matematico di Musil. Inchiodato all'enormità delle combinazioni di senso offerta dall'infinita varietà dei libri.

Devo giocare, e non rompere il cazzo. A noi due, demone: i libri vanno salvati tutti.

Leggere è l'essenziale.

Ringraziamenti

L'idea di questo libro è congelare l'attimo. Chi è dentro è dentro, chi è fuori è fuori (parlo dei libri che ho letto). Non ho lasciato fuori qualcosa, ho lasciato fuori quasi tutto. Ma la vita del lettore, e la vita in generale, è fatta di scelte e io ho fatto queste. C'è stato un criterio, uno soltanto: niente narratori viventi; un paio di eccezioni le ho fatte soprattutto per la saggistica, o perché son capitate.

La libreria a casa nostra occupa tutte le pareti del salone e accompagna il muro del corridoio, oltre a un lato di una stanza dei ragazzi. Cosa rimane di quei libri letti? Dei più ricordo veramente poco. Ho congelato l'attimo in cui mi sono posto la domanda, e ho cominciato a scrivere, sperando di aver trattenuto in me l'essenziale di quei volumi. Ho parlato perlopiù dei classici, perché le sfide devono essere nette, ed è su quelli che provo a scommettere memoria e identità. Nello stesso tempo, di molti classici più o meno recenti non ho parlato, perché non li conosco bene, o non li conosco affatto: Francis Scott Fitzgerald, John Irving, Virginia Woolf, Walt Whitman, Alice Munro, Henry Miller, Doris Lessing, Samuel Beckett, Anna Maria Ortese... Così come questo libro avrebbe potuto essere diverso, se avessi scelto una diversa chiave di narrazione e deciso di parlare di tanti altri autori che per me sono stati fondamentali come George Orwell o William Golding... E che dire di Omero? E di Shakespeare? O di Seneca: le lettere a Lucilio sono state una lettura importantissima per me. Pensare poi che ci sarebbero i *Veda* da scoprire, e i classici di altre culture che non ho mai incontrato, orecchiati poco e male...

Ma ho tentato di dare a queste pagine un tratto di percorso in massima libertà, come si fa con gli amici, quando ci si scambiano consigli di lettura. Spero di aver suscitato qualche curiosità e qualche pensiero, non c'è ambizione maggiore per un libro. O altro obiettivo che potessi pormi.

Grazie, quindi, a chi mi ha aiutato in questo percorso.

Il primo ringraziamento va a Michela Gallio, che è stata al gioco. Il secondo a mia madre, che gran parte di questi libri me li aveva da poco rispiegati, ma che ci è tornata su. La pietra miliare resta il suo (e di Rosanna de Falco) *Il romanzo. Dalla Grecia ai tempi nostri*, che aspetta ancora una riedizione, e la cui copertina disegnò mio padre. Grazie a Bea, protagonista di questo e di tutti i racconti, che ha riletto le mille versioni che le ho inviato. Grazie a Valerio, che spacciava testi in latino, e a Fabio, che suggeriva date e contesti.

Beati loro che sono freschi di classico. Grazie a Daniela, che ha letto, commentato e suggerito. Grazie a Marco, Stefano, Marianna, Vittorio, maestri di leggerezza e profondità, come tutti noi. Grazie a Beppe Caschetto, che immagina, raccoglie e organizza le sfide. Grazie a Ruggero Ragonese, che ha lavorato con noi per dare un senso logico a quella che poteva rimanere una intuizione caotica. Grazie a tutta *diMARTEDÌ*. Grazie a Vasco, che sa di che parla, e grazie al Mischione: anche quella è letteratura.

Alè!

Bibliografia

Alcott, Louisa May, *Piccoli uomini*, Mursia, Milano 1982.

Allen, Woody, *Il carteggio epistolare Gossage-Vardebedian*, in *Saperla lunga*, Bompiani, Milano 1993.

Antiseri, Dario, *Teoria unificata del metodo*, Liviana, Padova 1981.

Austen, Jane, *Orgoglio e pregiudizio*, Mondadori, Milano 1993.

Balzac, Honoré de, *Papà Goriot*, Bur, Milano 1950.

Baudelaire, Charles, *L'albatros*, in *I fiori del male*, Bur, Mila no 1991.

Bloom, Paul, *Contro l'empatia*, Liberilibri, Macerata 2019.

Calvino, Italo, *Lezioni americane. Sei proposte per il prossimo millennio*, Garzanti, Milano 1988.

—, *Se una notte d'inverno un viaggiatore*, Einaudi, Torino 1979.

Camus, Albert, *Lo straniero*, Bompiani, Milano 2015.

Céline, Louis-Ferdinand, *Bagatelle per un massacro*, Guanda, Milano 1981.

—, *La scuola dei cadaveri*, Edizioni Soleil, Santa Lucia di Piave 1997.

—, *Viaggio al termine della notte*, Corbaccio, Milano 1994.

Christie, Agatha, *Dieci piccoli indiani*, Oscar Mondadori, Milano 1992.

Coleridge, Samuel, *La ballata del vecchio marinaio*, Feltrinelli, Milano 1994.

Conrad, Joseph, *Cuore di tenebra*, Feltrinelli, Milano 1995.

—, *Lord Jim*, Mondadori, Milano 1997.

D'Adamo, Ada, *Come d'aria*, Elliot, Roma 2023.

D'Annunzio, Gabriele, *La pioggia nel pineto*, in *Alcyone*, Einaudi, Torino 2010.

—, *Notturno*, Bur, Milano 2011.

De Falco, Rosanna e Pedaccini Floris, Pergentina, *Il romanzo. Dalla Grecia ai tempi nostri*, Calosci, Cortona 1985.

Deledda, Grazia, *Canne al vento*, Oscar Mondadori, Milano 2001.

Dumas, Alexandre (padre), *I tre moschettieri*, Mondadori, Milano 1983.

Epicuro, *Lettera sulla felicità*, Stampa Alternativa, Roma 1992.

Fallaci, Oriana, *Un uomo*, Rizzoli, Milano 1979.

Fante, John, *Aspetta primavera, Bandini*, Marcos y Marcos, Milano 1999.

—, *Chiedi alla polvere*, Einaudi, Torino 2004.

—, *Dago Red*, Marcos y Marcos, Milano 1997.

—, *La confraternita del Chianti*, Marcos y Marcos, Milano 1995.

—, *La strada per Los Angeles*, Marcos y Marcos, Milano 1996.

Fitzgerald, Francis Scott, *Il grande Gatsby*, Mondadori, Milano 1950.

Flaubert, Gustave, *Madame Bovary*, Fabbri, Milano 1968.

Frank, Anna, *Il diario di Anna Frank*, Einaudi, Torino 1971.

Ghosh, Amitav, *Il cromosoma Calcutta*, Neri Pozza, Milano 2008.

Goethe, Johann Wolfgang, *I dolori del giovane Werther*, Bur, Milano 1999.

Harari, Yuval Noah, *Sapiens. Da animali a dèi*, Bompiani, Milano 2017.

Hemingway, Ernest, *Il vecchio e il mare*, Mondadori, Milano 2021.
Huysmans, Joris-Karl, *A ritroso*, Bur, Milano 1999.
Jerome, Jerome K., *Tre uomini in barca (per tacer del cane)*, Mursia, Milano 1956.
Joyce, James, *Gente di Dublino*, Mondadori, Milano 1994.
Kafka, Franz, *Il processo*, Einaudi, Torino 1984.
Kapuściński, Ryszard, *Il cinico non è adatto a questo mestiere*, E/O, Roma 2000.
Kerouac, Jack, *Sulla strada*, Mondadori, Milano 1979.
Kundera, Milan, *L'immortalità*, Adelphi, Milano 1990.
—, *L'insostenibile leggerezza dell'essere*, Adelphi, Milano 1985.
—, *Lo scherzo*, Adelphi, Milano 1992.
Larsen, Nella, *Due donne*, Frassinelli, Milano 2020.
Leopardi, Giacomo, *Epistolario*, Bollati Boringhieri, Torino 1998.
—, *L'infinito*, in *Canti*, Einaudi, Torino 1962.
Levenstein, Lisa, *They Didn't See Us Coming*, Basic Book, New York 2020.
Levi, Primo, *Nichel*, in *Il sistema periodico*, in *Opere*, vol. 1, Einaudi, Torino 1987.
—, *Se questo è un uomo*, Einaudi, Torino 1958.
Mann, Thomas, *I Buddenbrook*, Oscar Mondadori, Milano 1980.
—, *La montagna incantata*, Corbaccio, Milano 1992.
Manzoni, Alessandro, *I promessi sposi*, Arnoldo Mondadori Editore, Milano 1989.
Marx, Groucho, *Groucho and Me*, Gollancz, Londra 1959.
McInerney, Jay, *Le mille luci di New York*, Bompiani, Milano 1986.
Melville, Herman, *Bartleby lo scrivano*, Feltrinelli, Milano 1992.
—, *Moby Dick o la Balena*, Adelphi, Milano 1994.
Mitchell, Margaret, *Via col vento*, Mondadori, Milano 1982.
Molnár, Ferenc, *I ragazzi della via Paal*, Mondadori, Milano 1976.

Montale, Eugenio, *Cigola la carrucola del pozzo*, in *Ossi di seppia*, Mondadori, Milano 1991.

—, *Non chiederci la parola*, in *Ossi di seppia*, Mondadori, Milano 1991.

Morante, Elsa, *La canzone degli Infelici Molti e dei Felici Pochi*, in *Il mondo salvato dai ragazzini*, Einaudi, Torino 1968.

Murgia, Michela, *Accabadora*, Einaudi, Torino 2009.

Musil, Robert, *L'uomo senza qualità*, Einaudi, Torino, 1980.

Orazio, *Arte poetica*, Le Monnier, Firenze 1965.

Ortega y Gasset, José, *Aurora della ragione storica*, SugarCo, Milano 1983.

Pascoli, Giovanni, *Il gelsomino notturno*, in *Canti di Castelvecchio*, Zanichelli, Bologna 1953.

Pasolini, Pier Paolo, *Il Pci ai giovani!!*, in «L'Espresso», giugno 1968.

—, *Ragazzi di vita*, Garzanti, Milano 1955.

Pennac, Daniel, *Come un romanzo*, Feltrinelli, Milano 1993.

Pirandello, Luigi, *Il fu Mattia Pascal*, Bur, Milano 2007.

—, *Uno, nessuno e centomila*, Bur, Milano 2012.

Poe, Edgar Allan, *Il corvo*, in *Il corvo e altre poesie*, Feltrinelli, Milano 2010.

—, *Il cuore rivelatore*, in *Racconti del terrore*, Mondadori, Milano 1991.

—, *Il gatto nero*, in *Racconti del terrore*, Mondadori, Milano 1991.

—, *Storia di Arthur Gordon Pym*, Bur, Milano 2004.

Popper, Karl e Lorenz, Konrad, *Il futuro è aperto*, Rusconi, Milano 1989.

—, *Miseria dello storicismo*, Feltrinelli, Milano 1975.

Proust, Marcel, *La strada di Swann*, in *Alla ricerca del tempo perduto*, Einaudi, Torino 1990.

Pynchon, Thomas, *Incanto del lotto 49*, Bompiani, Milano 1968.

Richler, Mordecai, *Versione di Barney*, Adelphi, Milano 2000.

Rimbaud, Arthur, *Il Battello ebbro e altri versi*, Demetra, Firenze 1997.
—, *Non sono venuto qui per essere felice. Corrispondenza (1870-1891)*, a cura di Vito Sorbello, Aragno, Torino 2014.
—, *Una stagione all'inferno*, Bur, Milano 2012.
Roth, Joseph, *La Cripta dei Cappuccini*, Adelphi, Milano 1990.
—, *La marcia di Radetzky*, Newton Compton, Roma 2010.
Roth, Philip, *Pastorale americana*, Einaudi, Torino 1998.
Saint-Exupéry, Antoine de, *Il piccolo principe*, Garzanti, Milano 2015.
Salgari, Emilio, *Il Corsaro nero*, Vallardi, Milano 1974.
—, *La tigre della Malesia*, Andrea Viglongo, Torino 1991.
—, *Le due tigri*, Vallardi, Milano 1952.
—, *Sandokan alla riscossa*, Vallardi, Milano 1977.
Salinger, J.D., *Il giovane Holden*, Einaudi, Torino 1961.
Sapienza, Goliarda, *L'arte della gioia*, Stampa Alternativa, Roma 1998.
—, *L'università di Rebibbia*, Rizzoli, Milano 1983.
Satta, Salvatore, *Il giorno del giudizio*, Adelphi, Milano 1979.
Shelley, Mary, *Frankenstein o il moderno Prometeo*, Bur, Milano 2010.
Stella, Gian Antonio e Rizzo, Sergio, *La casta*, Rizzoli, Milano 2007.
Stevenson, Robert Louis, *La Freccia nera*, Arnoldo Mondadori Editore, Milano 1979.
Stoker, Bram, *Dracula*, Bur, Milano 2004.
Sun Tzu, *L'arte della guerra*, Baldini Castoldi Editore, Milano 2011.
Svevo, Italo, *La coscienza di Zeno*, Bompiani, Milano 1988.
—, *Senilità*, Mondadori, Milano 1992.
—, *Una vita*, Mondadori, Milano 2004.
Taleb, Nassim, *Il cigno nero*, il Saggiatore, Milano 2008.
Tolstoj, Lev, *Guerra e pace*, Fabbri, Milano 1968.

Tomasi di Lampedusa, Giuseppe, *Il Gattopardo*, Feltrinelli, Milano 1959.

Vangeli, testo Cei, Editrice Vaticana, Città del Vaticano 2008.

Verga, Giovanni, *Mastro-don Gesualdo*, Mondadori, Milano 1964.

Verlaine, Paul, *Arte poetica*, in *Poesie*, Newton Compton, Roma 2002.

Verne, Jules, *Il giro del mondo in 80 giorni*, Mondadori, Milano 1976.

—, *Ventimila leghe sotto i mari*, Longanesi, Milano 1974.

—, *Viaggio al centro della Terra*, Mursia, Milano 1978.

Weber, Max, *La scienza come professione*, Armando, Roma 1997.

Wharton, Edith, *L'età dell'innocenza*, Bur, Milano 2008.

Wittgenstein, Ludwig, *Tractatus logico-philosophicus e Quaderni 1914-1916*, Einaudi, Torino 1995.

Woolf, Virginia, *Gita al faro*, Garzanti, Milano 1984.

—, *Una stanza tutta per sé*, il Saggiatore, Milano 1963.

Yourcenar, Marguerite, *Memorie di Adriano*, Einaudi, Torino 1994.

Zola, Émile, *Il romanzo sperimentale*, Pratiche, Parma 1980.

Indice

Questo libro è stampato fabbricato da Grafica Veneta S.p.A.
con un processo di stampa e rilegatura certificato 100% carbon neutral
in accordo con PAS 2060 BSI

Finito di stampare nel mese di settembre 2023
per conto di RCS MediaGroup S.p.A.
da Grafica Veneta S.p.A., Via Malcanton 2, Trebaseleghe (PD)
Printed in Italy